帛书道德经

◎ （春秋）老子 著
　　姜舒文 译

中国和平出版社
China Peace Publishing House
北京

图书在版编目（CIP）数据

帛书道德经/(春秋)老子著；姜舒文译. --北京：中国和平出版社，2025.3 — ISBN 978-7-5137-2879-9

Ⅰ.B223.12

中国国家版本馆CIP数据核字第20243RC292号

BOSHU DAODEJING
帛书道德经 (春秋)老子 著　姜舒文 译

责任编辑	单　威
责任印务	侯世菊
出版发行	中国和平出版社（北京市海淀区花园路甲13号院7号楼10层 100088）
	www.hpbook.com　bookhp@163.com
出 版 人	林　云
经　　销	全国各地书店
印　　刷	三河市天润建兴印务有限公司
开　　本	880mm×1230mm　1/32
印　　张	8.75
字　　数	150千字
版　　次	2025年3月第1版　2025年3月第1次印刷
书　　号	ISBN 978-7-5137-2879-9
定　　价	49.80元

版权所有　侵权必究

本书如有印装质量问题，请与我社发行部联系退换。电话：010-82093836

前　言

　　《道德经》是道家学派最具权威的经典之作，也称为《老子》或《五千言》。整部作品虽只有五千余字，但其内容涵盖众多，包括宇宙观、人生观、治国之道、为人处世、军事等诸多内容，被后人尊奉为"万经之王"。这部著作对后世的哲学、政治、经济、宗教都产生了巨大的影响。如今两千多年过去了，它所展现出来的睿智与风采却更胜从前。那些饱含哲理的语句，总会令人心胸开阔，受益匪浅。

　　《道德经》的作者是老子。老子姓李，名耳，字聃，春秋末期楚国苦县人，曾担任周朝的史官，负责管理国家的图书。后来，周室衰微，老子决心归隐。当他来到函谷关时，把守此地的长官尹喜向老子问道。于是，老子就写出了这部流传千古的《道德经》。写完书后，老子便骑着青牛匆匆而去，从此不知所踪。

　　今天的传世本《道德经》是三国时魏人王弼注释的《道德经》版本，是现存传世本中的最早版本。这部著作分为两部分，共计八十一章。上篇为《道经》，三十七章，主要论述宇宙的根本、天地万物的由来。下篇为《德经》，四十四章，主要论述为人处世、安身立命的方法。由于《道德经》的原文逸散已久，王弼的《道德经注》曾是本书的唯一留传，直到1973年在马王堆发现《道德经》的原文。

此外，在众多《道德经注》中，《道德经章句》或《河上公章句》成书较早、影响较大、流传较广，为最古老的《道德经》注本。河上公相传为西汉时道家，姓名不详，汉相国曹参为其再传弟子。其所传《道德经注》，不见于《汉书·艺文志》，可能出于六朝人的伪托。今传《道德经》分章标目本，即始于河上公。全书主旨以治国治身相结合的思想来阐述《道德经》。

老子的《道德经》大约成书于公元前485年，距今2500余年，历时久远，祖本已失。目前公认的最早版本是1973年出土于湖南长沙马王堆汉墓的帛书版。这是迄今存世最早的《老子》手抄本，它的出土，对于了解、校勘传世诸本《老子》具有重要价值。而1993年在湖北荆门郭店楚墓出土的竹简本《老子》（抄写时间约在公元前374年之前），按其竹简的长度及编连情况，又分为甲、乙、丙三篇，仅存2046字，约为今传本的五分之二。

1973年冬，在湖南长沙马王堆第三号汉墓出土的帛书《道德经》有甲、乙两种版本。两版本的书体有些不同，甲本用篆书抄写，共5344字，抄写时间在公元前206年以前；乙本用隶书抄写，共5342字，抄写时间应在公元前179年左右。甲本由于不避汉高祖刘邦的名讳，因此可推断它当抄写于刘邦称帝之前。乙本避刘邦讳，而不避汉惠帝刘盈讳，可以断定它是汉惠帝或吕后时期的抄写本无疑。甲、乙两版本文字多有不同，甲本多用古字，乙本用今字，推测源自不同的古本。由于帛书甲、乙本都有残缺，因此通常都以甲本为主，乙本作为补充。从内容上看，乙本是甲本的诠释和改动本，甲本是原本。甲本帛书很有可能是直接从战国时期的竹简上转抄过来的，它是迄今为止所发现保存最为完整、最接近原貌的古本《道德经》版本。

帛书本《道德经》与传世本《道德经》相反，"德经"在前，"道经"在后。同时，因其甲、乙本在出土时均有部分残缺，为了保留帛书《老子》的原貌，所有缺失的文字以"□"表示。为了便于读者互相对照参考学习，将"帛书甲本""帛书乙本""河上公本""王弼注本"四种版本的原文并列呈现出来。同时，以"王弼注本"作为勘校"帛书甲本""帛书乙本"的主校本，（题解所用的原文均引自王弼注本）参照通行本《老子》章节，对全文进行重新分章，增加章节要旨，并对原文进行注释和翻译，以帮助读者理解和领悟老子思想。

作为中国传统文化中的经典之作，《道德经》一书博大精深，涵盖着不同境界行为处世的道理。上，可以作为道教信徒修行圆满的宝典；下，可以指导世人治国、经商、为学。书中的每一句都富有启迪，尤其在为人处世方面，特别注重柔弱不争，致虚守静。其中"柔弱胜刚强"的观点，深刻体现了中华民族特有的以退为进、以静制动的人生哲学。如果能够正确解读《道德经》这本书，理解老子所说的道理，发现老子思想中的闪光点，对每一位读者在现实中的发展、进步将是十分有益的。

目　录

德　经

第三十八章……………………………002
第三十九章……………………………006
第四十章（帛书本第四十一章）………010
第四十一章（帛书本第四十章）………012
第四十二章……………………………016
第四十三章……………………………019
第四十四章……………………………022
第四十五章……………………………025
第四十六章……………………………028
第四十七章……………………………031
第四十八章……………………………033
第四十九章……………………………036
第五十章………………………………039
第五十一章……………………………043
第五十二章……………………………046
第五十三章……………………………050
第五十四章……………………………053

第五十五章 ································· 057

第五十六章 ································· 061

第五十七章 ································· 064

第五十八章 ································· 067

第五十九章 ································· 070

第六十章 ··································· 074

第六十一章 ································· 077

第六十二章 ································· 080

第六十三章 ································· 084

第六十四章 ································· 087

第六十五章 ································· 092

第六十六章 ································· 095

第六十七章（帛书本第六十九章）··········· 098

第六十八章（帛书本第七十章）············· 102

第六十九章（帛书本第七十一章）··········· 105

第七十章（帛书本第七十二章）············· 108

第七十一章（帛书本第七十三章）··········· 111

第七十二章（帛书本第七十四章）··········· 113

第七十三章（帛书本第七十五章）··········· 116

第七十四章（帛书本第七十六章）··········· 120

第七十五章（帛书本第七十七章）··········· 123

第七十六章（帛书本第七十八章）··········· 126

第七十七章（帛书本第七十九章）··········· 129

第七十八章（帛书本第八十章）············· 133

第七十九章（帛书本第八十一章）……………136
第八十章（帛书本第六十七章）……………139
第八十一章（帛书本第六十八章）……………143

道 经

第一章……………………………………………148
第二章……………………………………………151
第三章……………………………………………154
第四章……………………………………………158
第五章……………………………………………160
第六章……………………………………………163
第七章……………………………………………166
第八章……………………………………………169
第九章……………………………………………172
第十章……………………………………………175
第十一章…………………………………………179
第十二章…………………………………………182
第十三章…………………………………………185
第十四章…………………………………………189
第十五章…………………………………………193
第十六章…………………………………………197
第十七章…………………………………………200
第十八章…………………………………………203

第十九章 ……………………………………… 206
第二十章 ……………………………………… 209
第二十一章 …………………………………… 214
第二十二章（帛书本第二十三章）…………… 217
第二十三章（帛书本第二十四章）…………… 221
第二十四章（帛书本第二十二章）…………… 224
第二十五章 …………………………………… 227
第二十六章 …………………………………… 231
第二十七章 …………………………………… 234
第二十八章 …………………………………… 238
第二十九章 …………………………………… 242
第三十章 ……………………………………… 245
第三十一章 …………………………………… 248
第三十二章 …………………………………… 252
第三十三章 …………………………………… 255
第三十四章 …………………………………… 259
第三十五章 …………………………………… 262
第三十六章 …………………………………… 265
第三十七章 …………………………………… 268

德经

第三十八章

【题解】

本章是老子《道德经》下篇《德经》的开始,主要论述做人的行为准则,也就是人德。天道与人德构成了老子思想体系的两大核心。在老子看来,德是道在人间的表现形式,符合道的原则就是有德,反之就是失德。道与德紧密相连,又有所区别。

在这一章,老子把德分为两大类:上德和下德。它们的界线非常清晰,上德是不德,不脱离客观的自然规律,不掺杂个人名利,体现了无为而无以为。下德是不失德,是为之而有以为。上德接近于道,下德是离开了道。

接下来,老子又将下德分为三个等级。一是上仁,二是上义,三是上礼。这三者都是"为之",所以都是下德。不过上仁为之而无以为是下德中的上流;上义为之而有以为是下德中的中流;上礼为之而莫之应所以是下流。老子在此强调淳厚朴实的风气,教育人们为人应当忠厚朴实,对中华民族有很大影响。

在这一章中,老子对"礼"是非常反对的,应该"攘臂而扔之"。在老子看来,礼让人心变得狡诈。因此,应该抛弃浅薄浮华,恢复敦厚与真诚。"是以大丈夫处其厚不居其薄,处其实不居其华。"

【原文】

帛书甲本

□□□□□□□□□□□□□□□□□德。

上德无□□无以为也。

上仁为之□□以为也。上义为之而有以为也。

上礼□□□□□□□□攘臂而乃之。

故失道而后德，失德而后仁，失仁而后义，□□□□□□□□□□□□而乱之首也。

□□□，道之华也，而愚之首也。是以大丈夫居其厚而不居其泊，居其实不居其华。故去皮取此。

帛书乙本

上德不德①，是以有德；下德不失德②，是以无德③。

上德无为而无以为④也。

上仁为之而无以为也。上德为之而有以为⑤也。

---

① 上德不德：具有上德的人，遵循自然，不表现为形式上的德。不德，指不表现在形式上的"德"。
② 下德不失德：下德的人遵守形式上的"德"。
③ 无德：失去本性。
④ 上德无为而无以为：具备上德的人顺应自然而无心作为。以，故意。
⑤ 上德为之而有以为：具备上德的人顺应自然而有意作为。

上礼为之而莫之应也，则攘臂①而乃之。

故失道而后德，失德而后仁，失仁而句义，失义而句礼。夫礼者，忠信之泊②也，而乱之首③也。

前识者④，道之华⑤也，而愚之首也。是以大丈夫居□□□□居其泊，居其实而不居其华。故去罢而取此。

河上公本

上德不德，是以有德；下德不失德，是以无德。

上德无为而无以为；下德为之而有以为。

上仁为之而无以为；上义为之而有以为。

上礼为之而莫之应，则攘臂而仍之。

故失道而后德，失德而后仁，失仁而后义，失义而后礼。夫礼者，忠信之薄，而乱之首。

前识者，道之华，而愚之始。是以大丈夫处其厚⑥，不处其薄⑦，处其实，不处其华。故去彼取此。

---

① 攘臂：伸出手臂。
② 泊：同"薄"，不足。
③ 首：开始，开端。
④ 前识者：有先见之明的人。
⑤ 华：虚华。
⑥ 处其厚：立身敦厚、朴实。
⑦ 薄：礼仪的浅陋。

王弼注本

上德不德，是以有德；下德不失德，是以无德。

上德无为而无以为。下德为之而有以为。

上仁为之而无以为。上义为之而有以为。

上礼为之而莫之应，则攘臂而扔之。

故失道而后德，失德而后仁，失仁而后义，失义而后礼。夫礼者，忠信之薄而乱之首。

前识者，道之华也，而愚之始。是以大丈夫处其厚不居其薄，处其实不居其华。故去彼取此。

【译文】

上德之人的德不表现在外，所以有德；下德的人表现在形式上不失德，所以没有德。

上德的人顺应自然无心作为；下德的人顺应自然有心作为。

上仁的人顺应道；上义的人有心作为以顺应仁。

上礼的人想有所作为而得不到回应，就扬起胳膊牵着别人服从。

因此失去了道以后才有德，失去了德才有仁，失去了仁才有义，失去了义才有礼。其实礼是忠实诚信缺失才产生的，是祸患的开始。

所谓的有先见之明的人，只是认识道的浮华的表面，从此开始产生愚昧。因此大丈夫立身处世要敦厚，不要轻薄；要质朴，不要浮华。所以要保留朴实去除虚华。

第三十九章

【题解】

在本章，老子主要阐述了道的应用之广，以及所产生的重要作用。

老子首先讲述了天地万物因道而得其性的道理，从正反两方面论述"道"的功能。文中出现的六个"一"，都指的是道。得"一"就是循于道，才会有德，不循于道则无德。得道有德才能生存安宁，反之就会破败死灭。接下来，老子又指出天、地、神、谷、万物、侯王都离不开"道"，说明"道"的重要性。最后，进一步以侯王为例，再论怎样才能得到"道"和"德"。

在本章，老子告诫人们凡事都要有"度"，这也是道的辩证法则，所以天地万物有道而得也不能超越"度"，否则就会招致毁灭。老子把注意力集中到君王治国上，他特别提醒高高在上的统治者，一定遵守"贵以贱为本，高以下为基"的辩证法，告诫人们不要追求美玉的华贵，要成为做基石的石块。其实这都是道的法则，反映了老子"无为而治""致虚""守静"的思想。

对于治理国家的人来说，本章的意义在于以民为本，以大局为重，懂得治国的谋略和安抚百姓的方法。作为君王，必须安定民心，如果只顾个人享受，置百姓的安危于不顾，必将受到应有的惩罚。正所谓"高以下为基",没有了百姓的支持,怎么可能保得住江山社稷呢?

【原文】

帛书甲本

昔之得一①者,天得一以清,地得□以宁,神得一以灵②,浴得一以盈,侯□□□而以为□□正。

其致之也③,胃天毋已清将恐□,胃地毋□□将恐□,胃神毋已灵□恐歇,胃浴毋已盈将恐渴,胃侯王毋已贵□□□□□。

故必贵而以贱为本,必高矣而以下为基。夫是以侯王自胃□寡不穀。此其□□□□□□?故致数与无与。是故不欲□□若玉,硌□□□

帛书乙本

昔得一者,天得一以清,地得一以宁,神得一以灵,浴得一盈,侯王得一以为天下正④。

---

① 得一:得道。
② 灵:灵性,灵妙。
③ 其致之也:推理得出。
④ 正:准则。

其至也，胃天毋已清①将恐莲，地毋已宁将恐发②，神毋□□恐歇③，谷毋已□将渴，侯王毋已贵以高将恐欮④。

故必贵以贱为本，必高矣而以下为基。夫是以侯王自胃⑤孤寡不榖⑥。此其贱之本与，非也？故至数舆无舆⑦。是故不欲禄禄⑧若玉，硌硌⑨若石。

河上公本

昔之得一者，天得一以清，地得一以宁，神得一以灵，谷得一以盈，万物得一以生，侯王得一以为天下正。

其致之，天无以清将恐裂，地无以宁将恐发，神无以灵将恐歇，谷无盈将恐竭，万物无以生将恐灭，侯王无以贵高将恐蹶。

故贵以贱为本，高必以下为基。是以侯王自称孤寡不榖，此非以贱为本耶？非乎！故至数车无车，不欲琭琭如玉，落落如石。

---

① 天毋已清：天离开道，就不会清明。
② 恐发：恐怕要陷塌、荒废。
③ 歇：消失，绝灭，停止。
④ 欮：同"蹶"，跌倒，颠覆。
⑤ 自胃：自谓。
⑥ 不榖：不善。
⑦ 至数舆无舆：最高的荣誉是不需要称颂赞美的。舆，同"誉"。
⑧ 禄禄：同"琭琭"，光彩的样子，形容玉石美丽。
⑨ 硌硌：同"珞珞"，坚硬的样子，形容石头坚硬。

王弼注本

昔之得一者，天得一以清，地得一以宁，神得一以灵，谷得一以盈，万物得一以生，侯王得一以为天下贞。

其致之，天无以清将恐裂，地无以宁将恐发，神无以灵将恐歇，谷无以盈将恐竭，万物无以生将恐灭，侯王无以贵高将恐蹶。

故贵以贱为本，高以下为基。是以侯王自谓孤寡不榖。此非以贱为本邪？非乎？故至数舆无舆。不欲琭琭如玉，珞珞如石。

【译文】

往日得到过道的——天得到了道变得清明，地得到了道变得宁静，神得到了道变得英明，河谷得到了道变得充满生机，万物得到了道生长得更加旺盛，王侯得到了道就能成为天下人的首领。

推理而言，天要是不得清明，可能会崩裂；地得不到宁静，可能会崩塌；神不保持灵性，就会灭绝；河谷不得水流，就会干涸；万物不能生长，将要灭绝；王侯无法保持高贵的地位，恐怕要亡国。

因此，贱是贵的根本，高以下作为基础。所以王侯们自称孤、寡、不榖。这不就是以贱为根本吗？难道不是吗？所以至高无上的荣誉是不需要赞美的，不需要像宝玉一样美丽，要像石头一样坚硬。

第四十章

（帛书本第四十一章）

【题解】

本章言简意赅，从三个方面论述了道的特征，讲出了宇宙法则的大道理。返本归根是"道"的运动形式，"柔弱"是"道"的作用，由无形到有形是"道"生万物的过程。

返本归根的思想在很多章节中都有所体现，它是老子哲学的重要特征。但是，这种返归运动不是直来直往，而是在循环过程中进行的。没有离去，就不会有返归，不生"有"，就不会返"无"。可以看出，"反者，道之动"指出了矛盾转化是事物发展的动力，同时也包括事物发展的轨迹。对于柔弱，老子是极为提倡的。"弱者，道之用也"，老子为什么强调柔弱的作用呢？这也是从事物的辩证法得出的，道的运动是自然柔和的，它对事物的作用往往无声无息。只有守住柔弱才能向刚强转化。"天下万物生于'有'，'有'生于'无'"，这个道理在《道德经》的首篇就已明确指出，道作为天地之始的"无"，产生了作为万物之母的"有"。在老子看来，事物都是独立统一的，既相反相成，又循环往复，这是万物运动变化的根本规律。

老子的这一思想对我们有很大的借鉴作用。在工作、学习、生活中，我们总能看到这样的例子。所有事情的发展无不印证着矛盾转化是事物运动发展之动力的思想。对立统一规律对日常生活具有指导作用，我们一定要深刻认识，以此提升为人处世的能力，改善生活的质量。

【原文】

帛书甲本

□□□，道之动也；弱①也者，道之用也。
天□□□□□□□□□。

帛书乙本

反②也者，道之动③也；□□者，道之用也。
天下之物生于有④，有□于无⑤。

河上公本

反者道之动，弱者道之用。
天下万物生于有，有生于无。

---

① 弱：柔弱，微小。
② 反：循环，反复。
③ 动：运动。
④ 有：这里指道的外在表现。
⑤ 无：超现实世界的形上之道。

王弼注本

反者,道之动;弱者,道之用。

天下万物生于有,有生于无。

【译文】

循环往复,是大道的运动形式;柔弱,是道展现出来的功用。天下的万物从"有"中产生,而"有"是从"无"中产生的。

第四十一章

(帛书本第四十章)

【题解】

在上一章,老子以"反者,道之动"阐释了道循环往复、柔弱顺应的德行。在这一章,也体现一个"反"字,即道的真正内涵、作用与世人的认识截然相反。

万物是由大道所生的,所以无论何种事物,都应该遵循大道的德行,顺应自然的循环往复,达到无言无为的境界。只有做到这些,生命才会长久美好,避免天道的惩罚。本章阐发"明道若昧"的道理,重在论道。老子以"士"为例,论述了悟道的三种态度,即上士的勤而行之,中士的若存若亡,下士的大笑之。这三种不同的表现,说明"道"隐讳深奥的特性不易为一般人所领会。

接下来，老子又用十二句短语，从多种事物的本质与现象，论证矛盾的普遍性，充满辩证色彩。上士看道是明道，下士看道若昧，写道的不可捉摸、高深。前六句是指"道""德"而言的。后六句的"质真""大白""大方""大器""大音""大象"指"道"的形象。叙述完之后，老子总结指出："道隐无名。""道"是幽隐无名的，它的本质是前者，而表象是后者。这十二句短语，揭示了老子辩证法的真谛，是极富智慧的。

值得一提的是，文中出现了许多流传千古的经典语句。如"大方无隅""大器晚成""大音希声"等。这些辩证法精言，永远是中华民族宝贵的文化财富。

【原文】

帛书甲本

□□□道，善□□□□

帛书乙本

上□□道，堇能行之。中士闻道，若存若亡^①。下士闻道，大笑之。弗笑，□□以为道。

---

① 若存若亡：有时记住，有时遗忘。亡，同"忘"。

是以建言①有之曰：明道如费，进道②如退，夷③道如类④。

上德⑤如浴，大白如辱。广德如不足，建德如□。质□□□。

大方无隅，大器免成，大音希声，天象无形，道褒无名。

夫唯道，善始且善成。

河上公本

上士⑥闻道，勤而行之；中士闻道，若存若亡；下士闻道，大笑之。不笑不足以为道。

故建言有之：明道若昧⑦，进道若退，夷道若类，上德若谷，大白若辱，广德若不足，建德若揄⑧，质真若渝⑨。

---

① 建言：立言。
② 进道：前进的道。
③ 夷：平坦。
④ 类：同"颣（lèi）"，崎岖不平，坎坷曲折。
⑤ 上德：高尚的品德。
⑥ 上士：深信大道之人。
⑦ 昧：暗。
⑧ 揄：一作偷，懈怠。
⑨ 质真若渝：本性至真之后反而好像变化无常。渝，变化。

大方无隅①，大器晚成②，大音希声，大象无形，道隐无名。

夫唯道，善贷且成③。

王弼注本

上士闻道，勤而行之。中士闻道，若存若亡。下士闻道，大笑。不笑，不足以为道。

故建言有之：明道若昧，进道若退，夷道若颣。

上德若谷，大白若辱。广德若不足，建德若偷。质真若渝。

大方无隅，大器晚成，大音希声，大象无形，道隐无名。

夫唯道，善贷且成。

---

① 大方无隅：最大的方形是没有棱角的。隅，角落，墙角。
② 大器晚成：原指铸造越大的器皿越晚成型。比喻拥有大才能的人通常成功较晚。
③ 善贷且成：大道善于给予，并使万物不断走向成功。贷，给予，引申为帮助。

【译文】

对大道深信不疑的人听了道的理论，就会勤于实践；对大道半信半疑之人，在行动上不能坚持长久；对大道完全不信的人听了道的理论，会捧腹大笑。如果他不笑，也就不能被称为道了。

所以古时候立言的人曾说：

明白易懂的道理听起来好像难以理解，鼓励人前进的道理听起来好像让人后退，容易做到的道理听起来好像难以施行。

崇高的品质反而好像一无所有，最洁白的东西好像含有污垢，广大的德好像总有不足，刚健的德表现懈怠、懒惰。最纯真的品质反而像一无所有。

最方正的东西好像没有棱角，最宝贵的器物总是最晚完成。

最美妙的声音仿佛无声无息，最大的形状是无形的，大道都是隐藏着而无声息的。

只有大道才能成全万物。

第四十二章

【题解】

本章由道说万物，由万物说阴阳，由阴阳说损益，讲述了宇宙生成的过程。在老子看来，道是一个独立存在的混沌整体，由道而生出天地，蕴涵着阴阳二气。"道生一，一生二，二生三，三生万物"。

本文所指的"三",是指阴阳二气交合时的"冲气"状态。因为有了阴阳二气的交合,才有天地万物的产生。

"物或损之而益,或益之而损",意在说明事物会向相反的方向转化。矛盾的双方是相互依存的,损中有益、益中有损的辩证道理是生活中所常见的。实践证明,道的运动可分为两方面:一是发展,二是转化。在文章结尾,老子提出警告:"强梁者不得其死。"横行霸道之人是不会有好下场的。因而老子认为保持柔弱的地位是"道"的运用。只有守柔、抑强,才符合"道"的原则,才能有益无损。谦受益,满招损,渗透着辩证法。对于此理,我们应当时刻铭记在心。

【原文】

帛书甲本

□□□□□□□□□□□□□□□□□□

□□□,中气以为和。

天下之所恶,唯孤寡不穀,而王公以自名也。勿或损之□□□之而损。故人□□教,夕议而教人。故强良者不得死,我□以为学父。

帛书乙本

道生一①，一生二②，二生三③，三生□□□□□□□□□□以为和。

人之所亚，唯□寡不穀，而王公以自□□，□□□□云，云之而益。□□□□□□□□□□□□□□□将以□□父。

河上公本

道生一，一生二，二生三，三生万物。

万物负阴④而抱阳⑤，冲气⑥以为和。

人之所恶，唯孤、寡、不穀，而王公以为称。故物或损之而益，或益之而损。人之所教，我亦教之。强梁者不得其死，吾将以为教父。⑦

---

① 一：最初的、混沌的整体，也就是老子所说的道。
② 二：由混沌整体化育出来的天与地，进而产生了阴阳两气。
③ 三：阴气，阳气，和气。和气是由阴气和阳气交合产生而来。
④ 负阴：包含着阴。
⑤ 抱阳：包含着阳。
⑥ 冲气：指阴阳二气相互冲突。
⑦ "人之所恶"句：这些句子与前文不符，疑其位置有误，应置于三十九章末尾。

王弼注本

道生一,一生二,二生三,三生万物。

万物负阴而抱阳,冲气以为和。

人之所恶,唯孤寡不穀,而王公以为称。故物或损之而益,或益之而损。人之所教,我亦教之。强梁者不得其死,吾将以为教父。

【译文】

由道产生了混沌之气,混沌之气又产生阴阳二气,阴阳相互冲突交合而产生了万物。

万物都具有阴阳两方面的特质,阴阳二气不断冲突融合形成了和谐统一的状态。

普通人最不喜欢的是孤、寡、不穀,可是君王用来称呼自己。所以万物有减损就会有增加,有增加也必定会有减损。这是古人所教导的,我也以此教导别人。横行霸道的人不会有好的下场,我要把这句话作为教育的根本。

第四十三章

【题解】

本章从天下至柔说起,阐述了老子以柔克刚、以弱胜强及无为的道理。

老子一贯主张"守柔""无为"。柔弱是"无为",刚强属"有为",最坚强的东西阻挡不了最柔弱的东西。"坚强"不如"柔弱","有为"不如"无为"。老子说:"天下之至柔,驰骋天下之至坚。"滴水穿石难道不就是这样吗?"无有入无间",无形的东西能够渗透到有形物中。如水、空气,他们虽是至柔之物,却无处不在,这就是至柔驰骋至坚而尽人皆知的范例。老子曾说:物壮则老,物极必反。表面的强大是不会长久的,时间一长,必然会被柔弱击败。

在本章结尾,老子总结出:"不言之教,无为之益。"一个谦卑和善人,具有浓厚的人格魅力,会赢得大家的尊重。而那些耀武扬威、刻薄狡诈之人,民众是非常厌恶的。一个得道之人,无论取得多么大的成就,都不会张扬,而是在默默无闻中成就自己和他人。这种符合大道的行为,虽然人人都懂,但做到的很少。因此,老子说:"天下希及之。"老子的哲学,具有深刻的辩证道理。基于这种思想而产生的人生理想、政治主张,便是以退为进,以柔制刚,无为而治。

【原文】

帛书甲本

天下之至柔①,□骋于天下之致坚②。无有③入于无

---

① 至柔:最柔弱的东西。
② 致坚:最坚硬的东西。致,同"至"。
③ 无有:无形的东西。

间①。五是以知无为□□益也。

不□□教，无为之益，□希能及②之矣。

帛书乙本

天下之至□，驰骋③于天下□□□。□□□□无间。吾是以□□□□□□□也。

不□□□□□□□□□□□□矣。

河上公本

天下之至柔，驰骋天下之至坚。无有入无间，吾是以知无为之有益。

不言之教，无为之益，天下希及之。

王弼注本

天下之至柔，驰骋天下之至坚。无有入无间。吾是以知无为之有益。

不言之教，无为之益，天下希及之。

---

① 无间：没有空隙。
② 希能及：很少能赶得上。
③ 驰骋：形容马奔跑的样子。

【译文】

天下最柔弱的东西，能够在天下最坚硬的东西中穿越。无形的东西能够进入没有空隙的东西中。我从中懂得无为的好处。

无言的教诲，无为的好处，天下很少有人能够做到。

第四十四章

【题解】

在这一章，老子详细阐述了"明哲保身"的思想，并借此章规劝世人要贵身重己，不要为了名利葬送性命。

文章开头，老子提出三个发人深思的问题："名与身孰亲？身与货孰多？得与亡孰病？"这三句话是不言自明的反问。无论是功名地位还是荣华富贵，都没有身体重要。没有了身体，一切将是虚空。这个简单的道理人人都懂，可在实际生活中，有多少人在苦苦追求着名利，甚至葬送了生命。一个人不应执着名利，要理智地考虑得失。为了让世人明白这个道理，老子又指出："甚爱必大费，多藏必厚亡。"过于贪恋名利就会付出巨大的代价，过多地积累财富会导致迅速地失去。在文章末尾，老子指出了解决问题的办法，"故知足不辱，知止不殆，可以长久"。可见，知足常乐、适可而止是消灭欲望、规正人心的最好办法。老子希望世人贵生、爱生，不要为名利所累。当一个人懂得了得失的关系，就知道什么该做，什么不该做，从而得到长久的安全。

欲望是捆绑人的枷锁，欲望多了就会生出贪心。贪求私欲者往往被财欲、物欲、色欲、权欲等迷住心窍，终至纵欲成灾，使人丧命。贪欲吞噬了人的良知，多少人为此名败身亡，甚至丢掉天下。老子主张少私寡欲，去除私欲才能无所畏惧，一身正气。今天，面对错综复杂的大千世界，种种诱惑扑面而来，世人尤其是涉世不深的青少年，更应该将"无欲则刚"作为安身立命的标准。

【原文】

帛书甲本

名与身孰亲？身与货①孰多②？得与亡③孰病④？

甚□□□□□□□□亡。

故知足不辱，知止不殆⑤，可以长久。

帛书乙本

名与□□

---

① 货：财富。
② 多：重要。
③ 亡：丢失性命。
④ 病：有害处。
⑤ 殆：危险。

河上公本

名与身孰亲?身与货孰多?得与亡孰病?

甚爱①必大费②,多藏③必厚亡④。

知足不辱,知止不殆,可以长久。

王弼注本

名与身孰亲?身与货孰多?得与亡孰病?

是故甚爱必大费,多藏必厚亡。

知足不辱,知止不殆,可以长久。

【译文】

名声和性命哪一个更亲近?性命和财物哪一个更重要?得到名利和丢失性命哪一个更有害?

所以过分地爱惜名利就会付出很大的代价,囤积过多的财物就会遭受更大的损失。

懂得知足就不会受到耻辱,懂得适可而止就不会遇到危险,可以保持长久的平安。

---

① 甚爱:过分地喜爱。
② 大费:付出很多。
③ 多藏:积累过多的财富。
④ 厚亡:快速地失去。

第四十五章

【题解】

在这一章,老子通过"大成若缺""大盈若冲"等多个例子,诠释了"清静无为天下正"的观点。

文章首句是"大成若缺",既然非常完美了,为什么还像残缺呢?在老子看来,天地自然都不是完美的,世间又怎么会有尽善尽美的东西呢?大成不等于缺,只是像缺。一个有成就的人,只有让自己保持欠缺,才能立于不败之地。做事有缺,不是有缺点,而是要留有余地。这样一来,自身就可以进退自如,从而获得更大的发展。

"大盈若冲"是指真正盈满的东西,看上去是空的,却用之不尽。此句和"大成若缺"一样,都在强调物极必反的道理。凡事都要适可而止,不能永远保持充盈的状态。否则,就会朝着相反的方向发展。因此,保证事物不走极端是极其重要的事情。

在客观世界中,很多事物表面看是一种情况,实质上是另一种情况,表面情况和实际情况有时完全相反。"大直若屈""大巧若拙""大辩若讷""大赢若绌"都体现了这一点。这是谦卑、低调的处事方式,隐藏着高明的人生智慧。同时,这也是一种充满辩证思想的状态,体现着事物彼此对立、矛盾统一的特点。我们要拥有透过表面看到实质的本领,最起码要有基本正确的判断。如果目光短浅,就会让狭隘的思维害了自己。只有犀利而又准确的目光，才会将事情做好。

动与静，是一个很重要的哲学问题。老子主张静，当人的内心虚静时，就没有了纷扰，智慧就会自然生出，这是符合道的行为。因此，老子说："躁胜寒，静胜热。清静为天下正。"此处，老子给修道之人指明了方向。只有无为守静，才能保持充实完满。世人如能遵循此理，无论治国还是修身，都能得心应手。

【原文】

帛书甲本

大成①若缺，其用不敝②。大盈③若盅，其用不窘。大直如诎，大巧如拙，大赢如炳。

趮胜寒，靓胜炅。请靓可以为天下正④。

帛书乙本

□□□□□□□□盈如冲，其□□□。□□□□□如拙，□□□绌。

趮朕寒，□□□□□□□□

---

① 大成：极大的成就，极完美的东西。
② 敝：衰竭，破败。
③ 大盈：极其充盈。
④ 正：正统。

河上公本

大成若缺,其用不弊。大盈若冲①,其用不穷②。大直若屈,大巧若拙,大辩若讷③。

躁胜寒,静则热。清静为天下正。

王弼注本

大成若缺,其用不弊。大盈若冲,其用不穷。大直若屈,大巧若拙,大辩若讷。

躁胜寒,静胜热,清静为天下正。

【译文】

完美至极的东西好像有残缺,可是它的作用不会衰竭。

极其充盈的东西就好像空虚的一样,但是它的作用是没有穷尽的。

极其正直的东西就像弯曲的一样,极其巧妙的东西就像最笨拙的,最能言善辩的人好像不会说话一样。

运动能够战胜寒冷,安静能够克服暑热。清静无为是天下的正统。

---

① 冲:同"盅",空虚。
② 穷:尽,用完。
③ 讷:笨嘴拙舌。

第四十六章

【题解】

本章主要论述了贪得无厌的危害,并告诫人们不要被私欲冲昏头脑,做人要懂得知足。

文章开始,老子以两个不同的世界进行对比:一是有道的世界,战马归田,百姓安居乐业,生活自然祥和;二是无道的世界,战乱频发,不仅人受其祸,连马也受害。接下来,老子指出了战祸起因。这一切根源是君主无道,君主无道则是由于他有野心,贪得无厌,不知足。君主的贪婪是百姓最大的祸患。因此老子劝告君主要悟道知足。

懂得知足是老子极为推崇的人生态度。在本章开头,天下有道和无道所产生的结果就充分体现了这一点。然后,老子又着重强调知足。在老子看来,知足是符合道的要求的,不知足是不符合道的要求的。

在文章最后,老子指出了知足的作用,即"知足常足"。一个懂得知足常乐的人,会得到永远的富足。我们知道,欲望是一个人内在的特质,它永远也不会满足。通过欲望来获取快乐是根本不可能的。为此,老子为我们提出了另一种方式,那就是知足常足。

文中所讲的知足,强调的是个人对自己拥有的东西感到满足并珍惜，不要异想天开，不切实际。实际上，知足常足绝不是精神上的无奈颓废，而是一种积极的人生态度。它会让人更加冷静，能客观审视自己的行为，在做出正确的判断后，去做自己应该做的事。

知足常足是一种智慧，是具有道心的体现。一个人怀着感恩和敬畏之心，没有欲望执念的时候，才会在心底生出欢喜，才会感到真正的满足。这时候，没有了虚荣和嫉妒，以从容不迫的心态面对一切，享受着属于自己的自由与快乐。

【原文】

帛书甲本

天下有□□走马①以粪②。天下无道，戎马③生于郊。

罪莫大于可欲，祸莫大于不知足，咎④莫憯于欲得。□□□□□，恒足矣。

帛书乙本

□□□道，却走马□粪。无道，戎马生于郊。

罪莫大可欲，祸□□□□□□□□□□□□□□□足矣。

---

① 走马：跑得快的马，指战马。走，跑。
② 粪：耕种田地。
③ 戎马：战马。
④ 咎：过失。

河上公本

天下有道，却①走马以粪。天下无道，戎马生于郊。

罪莫大于可欲，祸莫大于不知足，咎莫大于欲得。故知足之足，常足②。

王弼注本

天下有道，却走马以粪。天下无道，戎马生于郊。

祸莫大于不知足，咎莫大于欲得。故知足之足，常足矣。

【译文】

如果以道治理天下，就可以把战马退回给农民去耕田；不以道治理天下，那么就连怀孕的母马都要上战场，以致把马驹生在郊野。

最大的灾祸就是不知足，最大的过失就是贪得无厌。所以懂得知足的道理，就会永远满足了。

---

① 却：退回，还给。
② 常足：永远满足。

第四十七章

【题解】

在这一章，老子通过具体的实例，强调了自省的重要性，并指出唯有通过内修的方式，才能领悟天道。

"不出户，知天下；不阕牖，见天道。其出弥远，其知弥少"。这里的"户"是指家门，"天下"是指整个物质世界，而"天道"是指事物变化发展的规律。在老子看来，道是万物的本原，掌握了道就可以洞察一切，不出门就能够知晓天下的事理；眼睛不往窗户外面望，就能够了解自然的法则。老子的这番话，不是简单意义上的不出门、不往窗外看，而是形容生命得道后的状态。由此可见，老子非常重视内心的纯净和修养，并不看重外在的经验。遵照无为的原则，修道之人自会"知天下""见天道"。

"其出弥远，其知弥少"，这句话是说，一个人走得越远，他对道的认识也就越少。老子为什么这样说呢？行千里路，读万卷书，这是世人公认的道理。然而，对于修道人来讲，如果人的身心执着于外部，就会使思绪散乱，难以安定。当人的欲望被勾起时，会形成固定的观念，道心难以展现，就像镜子上有了灰尘。老子借助这个事例，是在叮嘱修道之人，应该加强对自身的修养，摒弃自己的欲念，不要向外部所求，以大道赐予的智慧来了解外物运行的规律。

从"是以圣人不行而知，不见而名，不为而成"中，可以看出，圣人的"知、明、成"都是以守静无为作为基础的。大道圆融不破，人的智慧与能力皆来源于此。所以说，一个修道之人不要向外去看，应该尽自己全力来同化大道，在心性上下功夫，这样才会获得真知。

【原文】

帛书甲本

不出于户，以知天下。不规于牖①，以知天道②。其出也弥远③，其□□

□□□□□□□□□□为而□

帛书乙本

不出于户，以知天下。不窥于□□知天道。其出弥远者，其知弥□

□□□□□□□□□而名，弗为④而成。

---

① 规于牖（yǒu）：从窗户往外看。规，同"窥"，窃视，偷看。牖，窗户。
② 天道：天地的运动规律。
③ 弥远：更远。
④ 弗为：不妄为。

河上公本

不出户知天下；不窥牖见天道。其出弥远，其知弥少。是以圣人不行而知，不见而名，不为而成。

王弼注本

不出户，知天下；不窥牖，见天道。其出弥远，其知弥少。

是以圣人不行而知，不见而名，不为而成。

【译文】

不出门，就知道天下的事；不从窗户往外看，就知道日月星辰的运动规律。走得越远，对道的理解就越少。

所以圣人不用亲自经历就能推断出事理，不用亲眼看见，就能明白天道，不用刻意去做就能成功。

第四十八章

【题解】

在本章，老子运用对比的方法，指出"为学"与"为道"的不同。通过细致的剖析，指出"为道"的特点及其重要性。

在文章开头,老子讲:"为学日益,为道日损。损之又损,以至于无为。"可以看出,老子对"为学"是否定的,对"为道"是大力提倡的。"为学"是研求"政教礼乐之学",也就是对外在的经验知识的积累。在老子看来,这方面的东西积累得越多,人离道就会越来越远,逐渐走上私欲有为的道路,最终迷失了本性。"为道"是指体悟天道的规律法则,这种功夫愈深,私欲就会越来越少。通过"损之又损",最终使修道之人与大道合一,达到清净无为的境界。

为学与为道的对比,也可以理解为知识与真理的关系。我们知道,要想彻底领悟物质世界,通过知识积累是办不到的。在老子看来,寻求大道真理,唯有向内心去找,通过心性的提升来达到目的。

接下来,老子说:"无为而无不为。"以无为的标准去做事,就没有什么做不成的。这句话体现了损欲无为的巨大作用。无为这种思想,贯穿整部《道德经》。当人这样做的时候,不但可以事事如愿,还能取天下,做万民之主。这句话也是对执政者的告诫。如果上位者贪婪无耻,肆意妄为,天下必然大乱,也就是文中所说的"及其有事,不足以取天下"。

纵观全文,老子所阐发的损益之道的对立,体现着朴素的辩证法思想。老子希望世人选择为道,因为循道而行,就可以找到认知的正确方向,进入无为的理想境界,执政者也找到了最大的治国保障。在日常生活中,我们要不断减损私欲妄见,顺其自然,做一个淳朴而高尚的人。

【原文】

帛书甲本

□□□□□□□□□□□□□□□□□□□□□□取天下也，恒□□□□□□□□□□天□

帛书乙本

为学①者日益②，闻道③者日云。云之有云，以至于无□□□□□□□取天下，恒无事；及其有事也，□足以取天□

河上公本

为学日益，为道日损④。损之又损，以至于无为⑤。无为而无不为⑥。取天下⑦常以无事⑧，及其有事⑨，

---

① 为学：探求外物的知识。
② 日益：指人的见识一天天增加。
③ 闻道：领悟天地自然之大道。
④ 日损：每一天都在逐渐减少。
⑤ 无为：不有意作为。
⑥ 无不为：没有什么是做不成的。
⑦ 取天下：治理天下。
⑧ 无事：不妄为，没有扰民的事情。
⑨ 有事：有所作为，扰民的事情。

不足以取天下。

王弼注本

为学日益，为道日损。损之又损，以至于无为，无为而无不为。

取天下常以无事，及其有事，不足以取天下。

【译文】

探求学问的人，知识会一天天增加，领悟大道的人，欲望会一天天减少。少了又少，到最后达到了无为的境地。

做到了不妄为，就没有什么事情做不成了。治理国家不要做扰乱民生的事，如果经常骚扰百姓的生活，那就治理不好国家了。

第四十九章

【题解】

本章论述了圣人善待百姓、混沌其心的表现，以此彰显圣人"德善""德信"的高尚境界。

老子说："圣人常无心，以百姓心为心。"圣人，是老子心中理想的执政者，是一个修道得道之人。他以大道为根本，没有为己的私心，百姓的意愿就是他的意愿。正因为如此，圣人的行为注定与凡夫俗子不同。"善者吾善之；不善者吾亦善之""信者吾信之；不信者吾亦信之"。作为一个常人来讲，善待他人往往是有条件的。你对我好，我就对你好。你对我不好，我自然对你不好。世人之所以有这样的表现，就是有一颗自我的私心。圣人则不同，他没有私心，对待他人的态度不因自己的遭遇或环境而改变。无论是谁，都能平等对待。这种博大的胸怀，体现了执政者对生命的珍惜。在这种巨大能量的感召下，所有人都能和他一起行善，一起讲诚信。

圣人善良质朴，诚信无为，他自然希望天下臣民能像他一样。因此，"圣人在天下歙歙，为天下浑其心"。这种治国方略不依靠强制，而是率先垂范，以收敛自己的欲望来影响他人。百姓是有私心的，对于自己的欲望比较执着。圣人治国就要看清这一点，用无为的方式帮助他们恢复到纯真状态，这样，人民就会安乐，国家就会永保太平。可以说，这篇文章是老子对理想统治者和理想社会的描述，同时也体现了老子对众生的慈悲。老子这种思想在当今仍具有鲜明的指导意义。

【原文】

帛书甲本

□□□□□以百□之心为□

善者善之，不善者亦善□□□□。□□□□□□□□□

□□信也□□之在天下，惵惵①焉，为天下浑心②。百姓皆属③耳目④焉，圣人□□□

帛书乙本

□人恒无心⑤，以百省之心为心。善□□□□□□□□□善也。

信者信之，不信者亦信之，德信也。

耵人之在天下也，欱欱焉□□□□□□皆注其□□□□□□

河上公本

圣人常无心，以百姓心为心。

善者吾善之；不善者吾亦善之，德善⑥。

信者吾信之；不信者吾亦信之，德信。

圣人在天下怵怵，为天下浑其心。百姓皆注其耳目，圣人皆孩⑦之。

---

① 惵惵：同"歙歙（xī）"，吸气。这里指收敛欲望。
② 浑心：使人心归于浑朴。
③ 属：同"注"，专注，引申为追求。
④ 耳目：指眼睛所见，耳朵所闻，这里引申为欲望。
⑤ 无心：没有私心，不为自己着想。
⑥ 德善：得到善良。德，同"得"，得到。
⑦ 孩：孩童，婴儿。这里指道拥有孩童的纯真和质朴。

王弼注本

圣人无常心，以百姓心为心。

善者吾善之，不善者吾亦善之，德善。

信者吾信之，不信者吾亦信之，德信也。

圣人在天下歙歙，为天下浑其心。□□□□□□，圣人皆孩之。

【译文】

圣人是没有私心的，他把百姓的愿望作为自己的愿望。

善良的人，我对他友好；不善良的人，我也对他友好，因此就得到了善良，进而人人向善。

守信用的人，我信任他；不守信用的人，我也信任他，因此就得到了诚信，进而人人讲诚信。

圣人治理天下，会收敛自己的欲望，让天下人的心思都能归于浑朴自然。百姓都专注于自己耳目的欲望，圣人则要使他们回复到婴孩一般的纯真。

第五十章

【题解】

这一章，老子以养生为切入点，告诫世人不要过分奉养自己，应该遵循道的原则，选择清净自然的生活。

在文章开始，老子对人生进行分析。"生之徒十有三，死之徒十有三，人之生动之死地，亦十有三"。老子认为，人生在世，大约有十分之三是长寿的，十分之三是短命的，这些都是属于自然的死亡。另外还有十分之三的人，本来可以活得长久，却不幸过早离开了人世。这种现象是因为什么呢？老子给出了准确的回答——"夫何故？以其生生之厚"。这些人是因为奉养自己过了头而造成的短命。

世人都想过上安逸富足的生活，本无可非议，但物极必反的道理是必须考虑的。凡事都要讲究有度，适可而止。如果过于在意自己的生命，一心想着长生，这就属于过了头。即便吃遍世间各种珍稀补品，也未必能达到目的。实际上，良好的生活状态，才是一个人长寿的重要保障。我们知道，人的欲望是不会满足的。如果贪心纵欲，人便会成为欲望的奴隶，进而荒废精力、丢掉生命。因此，我们要学会收敛欲望，知足珍惜。

对于善于养生之人，老子予以了肯定，并指出这样的人"陆行不遇兕虎，入军不被甲兵；兕无所投其角，虎无所用其爪，兵无所容其刃"。在老子看来，一个人是否死伤，不在于猛兽和武器，关键在于内心。一个人如果少私寡欲，他的性命就会得到保证。因为这种质朴纯真的生活，是接近于道的，而道是无所不能的。

【原文】

帛书甲本

□生□□□□□有□□徒十有三，而民生生，动皆之死地之十有三。夫何故也？以其生生也。

盖□□执生者，陵行不□矢虎，入军①不被甲兵②。矢无所揣其角，虎无所昔其蚤，兵无所容□□□何故也？以其无死地③焉。

帛书乙本

□生入死。生之□□□□□之徒十有三，而民生生，僅皆之死地之十有三。□何故也？以其生生。

盖闻善执生者④，陵行不辟兕⑤虎，入军不被兵革。兕无□□□□
□□□□其蚤，兵□□□□□□□□也？以其无□□□

河上公本

出生入死⑥。生之徒⑦十有三；死之徒⑧十有三；人之

---

① 入军：投入战争。
② 不被甲兵：不会被武器伤害。
③ 无死地：没有致命的缺陷或死穴。
④ 执生者：懂得养生之道的人。
⑤ 兕（sì）：独角的犀牛。
⑥ 出生入死：出世即为生，入土即为死。离开了生即为死。
⑦ 生之徒：指长寿的人。徒，类别。
⑧ 死之徒：指死于非命的人。

生①，动之死地十有三。夫何故？以其求生之厚②。

盖闻善摄生者，陆行不遇兕虎，入军不被甲兵；兕无投其角，虎无所措爪，兵无所容其刃，夫何故？以其无死地。

王弼注本

出生入死。生之徒十有三，死之徒十有三，人之生动之死地，亦十有三。夫何故？以其生生之厚。

盖闻善摄生者，陆行不遇兕虎，入军不被甲兵。兕无所投其角，虎无所措其爪，兵无所容其刃，夫何故？以其无死地。

【译文】

一个人出世为生，入土为死。长寿的人十个之中有三个；中途夭折的人十个之中有三个；人本来可以活得更长久一些，却意外地走向了死亡，这样的人也是十个之中有三个。那是为什么呢？因为他求生的欲望太强，保养得过分，造成了短命。

据听说，善于保养的人，在陆地上行走不会遇到犀牛和老虎一样的猛兽，加入战争也不会被伤害；犀牛没有地方撞击它的角，老虎没地方使用它的爪，兵器也没有地方容纳它的锋刃。这是什么缘故呢？因为他还没有致命的地方。

---

① 人之生：指人本来可以长生。
② 求生之厚：求生的欲望过于强烈。

第五十一章

【题解】

在这一章，老子论述了万物生长的历程，以及万物尊道贵德的缘由。

文章伊始，老子直接阐述了万物生长形成的四个阶段：首先是"道生之"，这句话是说宇宙万物皆是由大道化育生成。其次是"德畜之"，道分化于万物即为德，万物依靠这种内在的本性不断生长。再次是"物形之"，本性经过物化，拥有物的雏形。最后是"势成之"，在一定的环境条件下，事物的雏形不断壮大，最终成为具体的物。可以看出，在上述四个过程中，最主要的是道和德的因素。离开了道，万物不会降生，没有了德，万物将失去本性。因此，"万物莫不尊道而贵德"。然而，尽管万物有这种表现，却不是来自任何命令和安排，都是出于自然的行为。

接下来，老子对大道可尊可贵的特点做了进一步说明，即"生而不有，为而不恃，长而不宰"。大道生成了万物，却不据为己有，抚养了万物，却不自恃有功，不以主宰而自居。这就是大道的品德，无私无欲，厚重朴实。为此，老子称其为"玄德"，是天地间最高的德行。

道生万物，而后又教化万物。作为宇宙中的一分子，我们与大道是完整的一体。在现实生活中，我们应当遵循自然规律，以无为的状态修身行事。作为一个国家的执政者，更要以慈母德范治世，隐忍谦下，为万民谋取幸福。

【原文】

帛书甲本

道生之而德畜①之，物刑之②而器成之。是以万物尊道而贵□。□之尊，德之贵也，夫莫之爵，而恒自然也。道生之、畜之、长之、遂之、亭□□□□□。□□弗有也，为而弗寺③也，长而弗宰④也，此之谓玄德⑤。

帛书乙本

道生之，德畜之，物刑之而器成之。是以万物尊道而贵德。道之尊也，德之贵也，夫莫之爵也，而恒自然也。道生之、畜之、□□□之、亭之、毒之、养之、复之。□□□□□□□□□□弗宰，是胃玄德。

---

① 畜：养育。
② 物刑之：事物产生各种形态。刑，同"形"。
③ 寺：同"恃"，依仗。
④ 宰：主宰。
⑤ 玄德：最高的德性。

河上公本

道生之，德畜之，物形之，势①成之。是以万物莫不尊道而贵德。道之尊，德之贵，夫莫之命②而常自然③。

故道生之，德畜之。长之育之，成之孰之，养之覆④之。生而不有⑤，为而不恃，长而不宰。是谓玄德。

王弼注本

道生之，德畜之，物形之，势成之。是以万物莫不尊道而贵德。道之尊，德之贵，夫莫之命而常自然。

故道生之、德畜之、长之、育之、亭之、毒之、养之、覆之。生而不有，为而不恃，长而不宰，是谓玄德。

【译文】

道产生万物，德养育万物，万物表现出各种形态，自然环境促使万物生长。所以，万物没有不尊崇大道而重视德性的。大道受到尊崇，德性被重视，并没有人强制如此，而是万物任其自然地永远这样做。

所以道产生万物，德养育万物，使其生长，使其成熟，养育它

---

① 势：万物赖以生存的自然环境。
② 莫之命：对万物不加干涉。
③ 常自然：任其自然生长。
④ 覆：保护，维护。
⑤ 有：占有。

们，保护它们。产生万物但是不占有它们，养育它们而不自恃有功，任其生长而不主宰它们，这就是最高的德性。

第五十二章

【题解】

在本章，老子再次提出"道"是天下万物生长和发展的本原，人们认识事物是不能离开这个根源的。只有去除私欲和妄为，才能把握事物的本质与规律。

为了更好地说明大道与万物的关系，老子用母与子来比喻，"既得其母，以知其子；既知其子，复守其母，没身不殆"。母和子的关系，就是道与万物的关系，也就是本与末的关系。可以看出，"母"是本质，是一切智慧的源泉。知"母"、守"母"，才能真正明了一切。如果把"子"摆到重要位置，颠倒了顺序，人就会迷失方向。在这里，老子告诫世人，不要被纷繁复杂的表象所蒙蔽，要有光明的智慧，找到事物的本质。

在老子看来，能持守大道终生不会遇到危险。为了说明这个道理，老子从正反两个方面展开论述。"塞其兑，闭其门，终身不勤。开其兑，济其事，终身不救"。在现实生活中，扑面而来的各种诱惑让人难以抵挡。我们的耳、目、口、鼻就是诱惑征服人的工具。因此，关闭这些门径，不听、不看、不闻、不用，就能避免这些麻烦。这样一来，内心清净睿智，行为端正得体。没有了所求不得的种种痛苦，也就得到了永久的自在逍遥。如果人的意志薄弱，抵挡不住这些诱惑，就会在红尘中沉沦。在为名利色情苦苦追寻中，道心本性逐渐丧失，最终将自己彻底毁掉。老子说了这么多，实际上就是希望世人能有一颗清净之心，不要放纵自己的欲望。古往今来，这样的例子不胜枚举，而老子这种智慧，对当今的世人启示更大。

接下来，老子从世人对于外部世界的认知入手，谈了道的作用。即"见小曰'明'，守柔曰'强'"。如果人们能够依照道的原则，便能从细微处看到事理。恪守柔弱，就会让自己变得更加强大。当你能够洞察一切，就会从多角度考虑问题，这便是智慧的充分展现。而无比强大的身心，又能抵挡各种烦扰和灾害，这是何等的幸福与快乐。而这一切，皆是从道中而来，是遵照大道而行得到的荣耀。

无论是修行还是处世，除了对外部世界的准确把握，还要清醒地认识自身。因此，老子在文章最后说："用其光，复归其明，无遗身殃。是为'袭常'。"在运用大道的智慧照亮外部时，还要回过头来照亮自己，这样才不会有灾祸，才算是身处永恒的道中。在这段论述中，老子再次强调了自省的重要性，提醒人们对心灵的把握。能了解世界只能算作知识丰富，而能自我了解则是大智慧的体现。一个人应该学会向内找，明确自身的优点和不足，这种良好的行为才是成功的最大保障。

【原文】

帛书甲本

天下有始①，以为天下母②。既得其母，以知其□；复守其母，没身不殆③。

塞其闷，闭其门④，终身不堇⑤。启其闷，济其事⑥，终身□□

□小曰□，守柔曰强。用其光，复归其明，毋遗身央⑦，是胃袭常⑧。

帛书乙本

天下有始，以为天下母。既得其母，以知其子；既知其子，复守其母，没身不殆。

塞其垸，闭其门，冬身不堇。启其垸，齐其□□□不棘。

---

① 始：初始，开端，文中是指道。
② 母：母体，本原，文中是指道。
③ 没（mò）身不殆：终生不会有危险。没身，终生。殆，危险。
④ 塞其闷，闭其门：堵住欲望的孔穴，关闭欲望的门径。闷，指窍穴、孔穴。
⑤ 堇：同"勤"，劳作，劳累。
⑥ 启其闷，济其事：打开纵欲的出口，操持世间之事。
⑦ 央：同"殃"，灾祸。
⑧ 袭常：沿袭常道。

见小① 曰明，守□□强。用□□□□□□遗身央，是胃□常。

河上公本

天下有始，以为天下母。既知其母，复知其子，既知其子，复守其母，没身不殆。

塞其兑，闭其门，终身不勤。开其兑，济其事，终身不救。

见小曰明，守柔曰强。用其光，复归其明，无遗身殃。是谓习常。

王弼注本

天下有始，以为天下母。既得其母，以知其子；既知其子，复守其母，没身不殆。

塞其兑，闭其门，终身不勤。开其兑，济其事，终身不救。

见小曰明，守柔曰强。用其光，复归其明，无遗身殃，是为习常。

【译文】

天地间的万物都是有初始的，这个初始就是万物的本原。既然

---

① 见小：能注意到细微之处。

有了根源，就能了解万物；认识了万物，就该坚守本原。这样，终生就不会有危险。

堵住了欲望的孔穴，关上欲望的门径，终生就不会有纷扰的事情；如果打开了欲望的出口，就会增添许多纷扰，终生就不可救治。

能从细微处察见事理就叫"明"，能保持柔弱叫作"强"。运用大道的光芒，复照内心固有的明，就不会给自己带来灾祸，这就是沿袭永恒的大道。

第五十三章

【题解】

老子重视民生，总是通过各种方式对统治者提出告诫。在这一章，老子从反面论述了"道"，对执政者违背大道的行径予以批判。

大道讲无为，王者治国，更应该坚守此道。不去颁布过多的政令，不去发动罪恶的战争，不去打扰民众的生产。同时，执政者要收敛自己的欲望，不给百姓增加额外的负担。只有这样，才能得到人民的尊重，才不辜负上天赋予的神圣职责。然而在现实生活中，有许多国君放着平坦的道路不走，专门挑选歪门邪路，违背大道来治理国家。"服文彩，带利剑，厌饮食，财货有余"。他们穿着漂亮的衣服显示自己的尊贵，佩戴着宝剑以显示自己的威严，吃着美味佳肴，享用着财富而刻薄待人。他们这样做的结果，只有"朝甚除，田甚芜，仓甚虚"，朝政败坏，国库空虚，人民苦不堪言。这种行为，"是谓盗夸。非道也哉"！在这里，老子对统治者的骄奢淫逸、横征暴敛进行了抨击，对灾难深重的人民表达了深切同情。

老子通过对统治者选择大道还是邪路的对比，阐述了大道的重要性。实际上，无论是执政者还是普通百姓都面临选择的问题。在老子看来，无论做人还是做事都要遵循道的要求，清静无为，居下不争，摒弃心中的欲望。如果反其道而行，贪婪放纵，只能招致毁灭的下场。

【原文】

帛书甲本

使我挈有知，□□大道，唯□□□
□□甚夷，民甚好解。朝甚除①，田甚芜②，仓甚虚③。服文采④，带利□□□食，□□□□□□□□□□□

帛书乙本

使我介有知，行于大道，唯他是畏⑤。

---

① 朝甚除：朝政败坏至极。
② 甚芜：特别荒芜。
③ 虚：什么也没有。
④ 服文采：穿着华丽的衣服。
⑤ 畏：害怕。

大道甚夷①，民甚好僻。朝甚除，田甚芜，仓甚虚。服文采，带利剑，猒②食而资财□□。□□□柎，非□□□

河上公本

使我介然有知③，行于大道，唯施④是畏。

大道甚夷，而民好径⑤。朝甚除，田甚芜，仓甚虚；服文绂，带利剑，厌饮食，财货有余⑥；是谓盗夸⑦。非道哉！

王弼注本

使我介然有知，行于大道，唯施是畏。

大道甚夷，而民好径。朝甚除，田甚芜，仓甚虚。服文彩，带利剑，厌饮食，财货有余。是谓盗夸。非道也哉！

【译文】

如果让我稍微有些知识，行走在大道上，我唯一担心的就是走上邪路。

---

① 夷：平坦。
② 猒：同"厌"，饱足，足够。
③ 介然有知：稍微有些知识。介，微小。
④ 施：同"迤"，邪行，邪路。
⑤ 径：小路，引申为歪门邪道。
⑥ 财货有余：享用过多的财富。
⑦ 盗夸：强盗的领头。

大道非常平坦，但是无道的执政者偏偏喜欢走歪门邪道。朝政败坏至极，田地间杂草丛生，仓库里没有一粒粮食；穿着华丽的衣服，佩戴着锋利的宝剑，享用着美味的食物，占有充裕的财物，这是强盗的首领，这是真正的无道啊！

第五十四章

【题解】

这一章，老子以"善建者""善抱者"为主要内容，论述了修身的原则与方法。

在文章开头，老子就说："善建者不拔，善抱者不脱，子孙以祭祀不辍。"此处的善建和善抱并不是指善于建筑和劳动，而是指对大道的坚守。在生活的每一刻都不背离，不遗弃道。居于道中，这是为人的准则，也是老子对世人最大的希望。试想，如果一个人所坚持的东西与大道同在，怎么可能被拔除呢？与天地融为一体，又怎么能脱落呢？有了大道的滋养，这样的人幸福祥和，他的思想、家族、子嗣自然绵延不绝。

"修之于身，其德乃真。修之于家，其德乃余。修之于乡，其德乃长。修之于国，其德乃丰。修之于天下，其德乃普"。在这段话中，修是修行的意思，让崇高的德行贯穿于自身、家、邻里、国与天下。老子对德是极为重视的，通过尊德修德，人与人之间、人与自然之间和谐融洽，天下百姓就能获得自由和幸福。

"观"是老子认识事物的方法,体现了"察己以知之,不求与外也"的思想。在本章末尾,老子以"观"展开叙述,指出了达到无为之德的方法。"故以身观身,以家观家,以乡观乡,以国观国,以天下观天下。吾何以知天下然哉?以此"。在这段话中,老子以自身为基础,不断向外延展,进而达到平天下,再一次强调了加强自身修养,推己及人的重要性。

　　"善建者不拔"的思想,对于执政者具有深远的指导意义。要治理好国家,一定要把内部建设搞好,包括领导集团、组织结构等,当然最重要的是取得民众的信任,只有这样才称得上为"善建者"。

【原文】

帛书甲本

　　善建□□拔,□□□□□,子孙以祭祀□□□□□□□□□□□□□。

　　□□□余。修之□□□□□□□□□□□□□□□□。

　　以身□身,以家观家,以乡观乡,以邦观邦,以天□□□□□□□□□□□□□□□□。

帛书乙本

善建者①□□□□□□□，子孙以祭祀不绝②。

修之身，其德乃真③。修之家，甚德有余④。修之乡，其德乃长⑤。修之国⑥，其德乃夆。修之天下，其德乃博。

以身观身，以家观□□□□国，以天下观天下。□□□□天下之然兹？以□。

河上公本

善建者不拔⑦，善抱者⑧不脱⑨，子孙以祭祀不辍。

修之于身，其德乃真；修之于家，其德乃余；修之于乡，其德乃长；修之于国，其德乃丰；修之于天下，其德乃普⑩。

故以身观身，以家观家，以乡观乡，以国观国，以天

---

① 善建者：善于建树的人。
② 绝：停止，断绝。
③ 真：真实纯正。
④ 余：盈余，富有。
⑤ 长：长久，久远。
⑥ 国：国家。
⑦ 拔：动摇，拔除。
⑧ 善抱者：善于抱持的人。
⑨ 不脱：脱不开身。
⑩ 普：普及，铺开。

下观天下。何以^① 知天下之然哉？以此。

王弼注本

善建者不拔，善抱者不脱，子孙以祭祀不辍。

修之于身，其德乃真。修之于家，其德乃余。修之于乡，其德乃长。修之于国，其德乃丰。修之于天下，其德乃普。

故以身观身，以家观家，以乡观乡，以国观国，以天下观天下。吾何以知天下之然哉？以此。

【译文】

善于建树的人不会被拔除，善于抱持的人不会脱落，子孙能遵守这个道理祭祀就不会断绝。

把这个道理用在自己身上，他的德性就是纯正的。用在自己家里，他的德性就是盈余的。用在自己的乡邻，他的德性就会长久。用在自己的国家，他的德性就会丰厚。用在全天下，他的德性就会被无限地普及。

所以，用自己修身的德观察他人的德，用自家的德观察别人家的德，用自己家乡的德观察他乡的德，以自己国家的德观察其他国家的德，以自己天下的德观察他人天下的德。我是怎样知道天下大事的呢？就是依靠这个道理。

① 何以：凭什么。

第五十五章

【题解】

在这一章，老子以刚刚出生的婴儿来比喻厚德之人，通过对其种种生理现象的描述，阐释了虚静处下、柔弱无为的道理。

"赤子"一词，在《道德经》中多次出现，用以形容刚刚出生的婴儿。老子对婴儿的观察很细致，常以婴儿为例来阐明理论观点。大家熟悉的"专气致柔如婴儿乎"，就是最典型的范例。老子贵柔，婴儿天真可爱、无知无欲，因此最能体现老子自然无为的宗旨。

"蜂虿虺蛇不螫，猛兽不据，攫鸟不搏"，这是老子对婴儿的颂扬。刚刚出生的孩子，没有任何私欲，也不会对他人造成威胁。因此，即便是大奸大恶之人，也不会伤害婴儿。毒虫猛兽也是如此，面对没有攻击意识的孩子，往往选择离开。老子的这段论述，既是生活事实，也是一种隐喻。一个道德高尚的人，没有为私为己的想法，善待身边的事物，自然就会得到他人的尊敬和爱护，因为这是符合大道无为原则的。

"骨弱筋柔而握固，未知牝牡之合而全作，精之至也"，这是他元气充足的缘故。而"终日号而不嗄"体现了婴儿精气的和谐。老子通过婴儿这种生理状态，是在告诉我们保存精气的重要性，做人要学会内敛。然而，大人们则不同，他们在生活中放纵自己，为俗事耗神费力，从而造成各种苦恼和疾病。

在文章最后，老子说："物壮则老，谓之不道，不道早已。"事物特别强壮就会老去，这是不合大道要求的。不合乎大道的就会很快消亡。在这里，老子再一次提出了物极必反的道理，任何事物发展到顶端，都会朝着相反的方向转化。做事一定要有度，要适可而止。

【原文】

帛书甲本

□□之厚□，比于①赤子②。逢俶螟地弗螫，攫鸟③猛兽弗搏④。骨弱筋柔而握固，未知牝牡□□□□□，精□至也。终日号而不嗄⑤，和⑥之至也。

---

① 比于：好比。
② 赤子：刚出生的婴儿。比喻纯真质朴的人。
③ 攫鸟：老鹰一类的猛禽。
④ 搏：捕捉。
⑤ 嗄（shà）：声音嘶哑。
⑥ 和：阴阳二气合和的样子。

和曰常①，知和曰明，益生②曰祥③，心使气曰强④。
□□即老，胃之不道，不道□□。

帛书乙本

含德之厚者，比于赤子。逢疠虿蛇弗赫，据⑤鸟孟兽弗捕。骨筋弱柔而握固，未知牝牡之会⑥而朘⑦怒，精之至也。终日号而不嚘，和□□□

□□□常，知常曰明，益生□祥，心使气曰强。
物□则老，胃之不道，不道蚤已。

河上公本

含德之厚，比于赤子。毒虫不螫，猛兽不据，攫鸟不搏。骨弱筋柔而握固，未知牝牡之合而朘作，精之至也。终日号而不哑，和之至也。

知和曰常，知常曰明。益生曰祥，心使气曰强。

---

① 常：万物运动中不变的法则。
② 益生：有益于养生。
③ 祥：灾祸，不祥。
④ 强：逞强。
⑤ 据：野兽用爪子获取食物。
⑥ 牝牡之会：雌雄两性的交合。
⑦ 朘（zuī）：男孩的生殖器。

物壮则老，谓之不道，不道早已。

王弼注本

含德之厚，比于赤子。蜂虿虺蛇不螫，猛兽不据，攫鸟不搏。骨弱筋柔而握固，未知牝牡之合而全作，精之至也。终日号而不嗄，和之至也。

知和曰常，知常曰明，益生曰祥，心使气曰强。

物壮则老，谓之不道，不道早已。

【译文】

道德涵养深厚的人，就好像刚出生的婴儿。毒虫不会叮咬他，猛兽不会伤害他，老鹰不会用翅膀击打他。虽然筋骨柔弱，但是拳头握得很紧，虽然不懂得男女之事，但是生殖器会勃起，因为精气充足。他整日啼哭，嗓子却不会嘶哑，因为他的心态平和到了极点。

懂得和谐的道理就是知道事物运作的规律，知道事物运作的规律就是明智。贪生怕死放纵欲望就会遭受祸患，精气被欲望主使就是逞强。

事物强盛了就会衰老，这是不合乎道的，不遵守常道就会加速死亡。

第五十六章

【题解】

在这一章中,老子主要论述了"知者不言,言者不知"的人生智慧,以及如何达到"玄同"的境界。

知者,有智慧的人,也就是得道之人。在老子看来,真正有智慧的人往往是很少说话的,而夸夸其谈的人是没有智慧的。这种状态并不是刻意而为之,一个道德深厚之人,不会在人前炫耀自己的广博,稳重低调是其行事的风格。另外,很多道理也不是靠语言来表达的,而是需要自己深刻的体悟。正是具备了这样的素质,知者才不会轻言。

圣人是民众行为的引领者,应该具备崇高的思想境界。因此,老子说:"挫其锐,解其分,和其光,同其尘,是谓玄同。"尖锐的东西是很容易折断的,如果将其锋利磨掉,就避免了折损的危险。当民众固执己见,争吵不休的时候,解决的办法就是让所有人放下自己的想法。除此之外,圣人又懂得平和自己的光芒,将自己隐藏在尘世中,谦忍低下,不被世人所注意。以上种种,都是圣人所具备的能力,老子赞其为"玄同"。

对于一个人来讲,总是希望得到别人的尊重。然而人之贵,贵行于大道。"故不可得而亲,不可得而疏;不可得而利,不可得而害；不可得而贵，不可得而贱，故为天下贵"。圣人正是超脱于亲疏、利害和贵贱之别，所以能得到天下人的尊重。老子这番话，给人以深刻的启示：一个人如果处处被动，身不由己，就难以做到真实的自我；只有具备稳定的心态，坚韧的意志，才会拥有美好的一切。

【原文】

帛书甲本

□□弗言，言者弗知。

塞其闷，闭其□□其光，同其塣，坐其锐①，解其纷②，是胃玄同③。

故不可得而亲，亦不可得而疏；不可得而利，亦不可得而害；不可□而贵，亦不可得而浅，故为天下贵④。

帛书乙本

知者弗言⑤，言者弗知。塞其兑，闭其门⑥，和其光⑦，同

---

① 坐其锐：消磨掉人们的锐气。坐，同"挫"，消磨。锐，锐利，锋利。
② 解其纷：排除了纷扰。
③ 玄同：没有差别的大同世界。
④ 贵：尊贵。
⑤ 知者弗言：得道之人，不乱发议论。知，同"智"。
⑥ 塞其兑，闭其门：这两句在五十二章中也有出现。
⑦ 和其光：调和隐蔽人们的光芒。

其尘①，锉其兑而解其纷，是胃玄同。

故不可得而亲也，亦□□□而□□□□而利，□□□得而害；不可得而贵，亦不可得而贱，故为天下贵。

河上公本

知者不言，言者不知。

塞其兑，闭其门，挫其锐，解其纷，和其光，同其尘，是谓玄同。

故不可得而亲，亦不可得而疎；不可得而利，亦不可得而害；不可得而贵，亦不可得而贱。故为天下贵。

王弼注本

知者不言，言者不知。塞其兑，闭其门，挫其锐，解其分，和其光，同其尘，是谓玄同。

故不可得而亲，不可得而疏；不可得而利，不可得而害；不可得而贵，不可得而贱，故为天下贵。

【译文】

那些真正有智慧的人是不会轻易表达想法的，而那些轻易表达想法的人是没有智慧的。

堵住了欲望的孔穴，关上欲望的门径，挫去他的锐气，化解

---

① 同其尘：将自己和世俗混在一起。

他的纷争，平和自己的光芒，混同于尘世，这就是没有差别的大同世界。

所以这样的人无法与他亲近，也无法与他疏远；无法让他得到利益，也不能令他受到伤害；没人能让他得到尊贵，也没人让他感到卑贱。这才是天下最尊贵的人。

第五十七章

【题解】

本章从内外、正反两方面入手，细致阐述了老子"无为"的政治思想。老子反对统治者以智巧奴役百姓，反对政令繁多苛捐杂税，他大力提倡统治者"无欲"，从而使百姓"自化"，使整个社会保持原有的自然和淳朴。

本章开头讲的"以正治国，以奇用兵"是有价值的。治国是对待本土的百姓，应该光明正大，实实在在，绝不能使用诡诈权术。对人民以道德教化，实施的各项法律规则都是公开的。然而用兵则不同，是需要以出其不意、攻其不备的方式来摧毁对方。以无事取天下，就是遵守事物的规律，统治者不应高高在上胡作非为。

接下来，老子以"吾何以知其然哉"为过渡，深刻指出违背无为治国所带来的严重后果。具体表现为四多：多忌讳、多利器、多伎巧、多法令。四多的出现，直接导致了民贫、政昏、事邪、盗多。

老子的这些叙述，真实地反映了当时的社会现实。各国统治者为谋取私利，搜刮民财，搞的法令制度都是害民的。

面对这些社会制度的弊端，老子提出了解决问题的方法。"我无为而民自化，我好静而民自正，我无事而民自富，我无欲而民自朴"。老子这种政治观是以"道法自然"为基点的，进而产生无事、无为的治国方略。这其中蕴含着积极的合理内涵，也是其思想的特色所在，对今天治国仍有现实意义。

【原文】

帛书甲本

以正①之邦，以畸②用兵，以无事取天下。吾何□□□□也哉？夫天下□□□，而民弥贫③。民多利器，而邦家兹昏④。人多知，而何物兹□□□□□□盗贼□□

□□□□□□□：我无为也而民自化⑤，我好静而民自正，我无事民□□□□□□□□□

---

① 正：这里指正规、常规的方法。
② 畸：同"奇"，指出其不意的办法，与"正"相对。
③ 弥贫：更加贫困。
④ 兹昏：同"滋昏"，更加混乱。
⑤ 自化：自我化育，自我发展。

帛书乙本

以正之国，以畸用兵，以无事取天下。吾何以知其然也才？夫天下多忌讳①，而民弥贫。民多利器，□□□□昏。□□□□□□□□□物兹章②，而盗贼□□

是以□人之言曰：我无为而民自化，我好静而民自正，我无事而民自富，我欲不欲而民自朴③。

河上公本

以正治国，以奇用兵，以无事取天下。吾何以知其然哉？以此。天下多忌讳，而民弥贫；民多利器，国家滋昏；人多技巧④，奇物⑤滋起；法令滋彰，盗贼多有。

故圣人云：我无为而民自化，我好静而民自正，我无事而民自富，我无欲而民自朴。

王弼注本

以正治国，以奇用兵，以无事取天下。吾何以知其然哉？以此。天下多忌讳，而民弥贫。民多利器，国家滋昏。人多伎巧，奇物滋起。法令滋彰，盗贼多有。

---

① 忌讳：禁忌，限制。
② 章：同"彰"，彰显，明了。
③ 朴：淳朴。
④ 技巧：智诈机巧。
⑤ 奇物：邪恶的、奇怪的事物。

故圣人云：我无为而民自化，我好静而民自正，我无事而民自富，我无欲而民自朴。

【译文】

用正道治理国家，用出其不意的办法用兵，治理天下而不骚扰百姓。我是怎么知道这些的呢？原因就在于此：天下的禁令越多，百姓就越贫穷；百姓利器越多，国家就会越来越混乱；人们技巧越多，奇邪怪异的事物就会出现得越多。法令越多，盗贼就会增多。

所以圣人说：我无所作为，人民自己顺化；我喜好清静，民风自然归正；我不生事扰民，人民自然富裕；我无欲无求，人民自然淳朴。

第五十八章

【题解】

本章主要论述对立转化的道理，表现了老子朴素的辩证思想。

老子首先讲述了明君的为政之道，即无为而治，具体表现为"其政闷闷，其民淳淳"。可以看出，执政者施行无为而治，人民就能回复到自然淳朴的状态，天下太平。与此相反，如果执政者施行有为而治，政令苛刻，就会出现"其政察察，其民缺缺"，百姓狡诈贪婪，因私欲而争斗，最终爆发动乱。

接下来是本章的重点，论述了宇宙万物的辩证关系。通过上一节的剖析，可以看出福与祸、正与奇、善与妖是相反相成的，它们能够相互转化，即"正复为奇，善复为妖"。"祸兮福之所倚，福兮祸之所伏"，是《道德经》中非常有名的句子。这句话告诉我们，灾难和幸福是相伴相随的，谁也不能脱离对方而存在。此句形象地说明了矛盾的双方相互转化的关系，充分阐述了辩证的道理。在现实生活中，人们往往习惯于表象。老子的思想提醒我们观察事物时视野应变得宽一些，学会转变思维。不过事物之间的转化，都是有条件的。

在文章最后，老子提出了圣人的处世哲学，即"方而不割，廉而不刿，直而不肆，光而不耀"。凡事要适可而止，不要过分。一旦失去了尺度，就会出现物极必反的局面。

【原文】

帛书甲本

□□□□□□□□。其正察察①，其邦夬夬②。

祸，福之所倚③；福，祸之所伏④□□

---

① 察察：形容法律严酷、苛刻。
② 夬夬：同"缺缺"，指人们狡诈、抱怨、不满足的样子。
③ 倚：依靠，依附。
④ 伏：隐藏。

帛书乙本

其政闷闷①,其民屯屯②。其正察察,其□□□□□□□□□所伏。孰知其极③?□无正④也,正□□□,善复为□□之迷也,其日固久⑤矣。

是以方而不割⑥,廉而不刺⑦,直而不绁,光而不眺。

河上公本

其政闷闷,其民淳淳;其政察察,其民缺缺。祸兮福之所倚,福兮祸之所伏。孰知其极?其无正。正复为奇⑧,善复为妖⑨。人之迷,其日固久。

是以圣人方而不割,廉而不刿,直而不肆⑩,光而不耀⑪。

---

① 闷闷:糊涂、模糊的样子。
② 屯屯:同"淳淳",这里指民风淳朴厚道。
③ 孰知其极:谁知道变化的极限呢?
④ 正:确定的标准。
⑤ 固久:形容时间很久。
⑥ 方而不割:形容圣人治国方正而不生硬。割,用刀子割断,引申为生硬。
⑦ 廉而不刺:有棱角但不会伤害人。廉,锐利。刺,伤害。
⑧ 奇:诡异,奇怪。
⑨ 妖:邪恶的,丑恶的。
⑩ 肆:态度狂妄,无所顾忌。
⑪ 耀:炫耀,显示。

王弼注本

其政闷闷,其民淳淳。其政察察,其民缺缺。

祸兮福之所倚,福兮祸之所伏,孰知其极?其无正,正复为奇,善复为妖,人之迷,其日固久。

是以圣人方而不割,廉而不刿,直而不肆,光而不燿。

【译文】

治国之策模模糊糊,人民反而会纯朴;政治过于严酷,人民反而会心生抱怨。

灾祸啊,幸福就依傍在里面;幸福啊,灾祸就隐藏在其中。谁知道它们会如何转换呢?福祸的交替没有一定的标准。正常的随时会变成反常的,善良的有可能会变成邪恶的。人们为之迷惑不解,已经由来已久了。

所以,圣人处事方正而不生硬,锐利而不伤害人,直率但不放肆,光滑但不耀眼。

第五十九章

【题解】

本章重点论述了"治人事天"的原则,并提出以"啬"的方法来实现这一原则。

老子在文章开篇说道:"治人事天莫若啬。"这句话中的"治人"是指对民众的治理,而"事天"是保养精华之气,养护身心。老子讲无为,无私无欲。为了克制人的私欲,就要讲究"啬"。老子把"啬"看作是"治人事天"的最好原则。由此句,我们可以看出治理人民和保养身心,没有什么比爱惜精神更重要的。

既然确定了以"啬"为标准,那么该怎样做呢?"夫唯啬是谓早服,早服谓之重积德",早服,就是要早做准备。早做准备就是在不断地积德。接下来,老子讲到了"重积德则无不克,无不克则莫知其极",这两句话是形容积累德行所能达到的境界。"无不克"是指能够战胜一切。对一个国家而言,只有钱粮储备充足、人民生活安定、君主淡薄无为,才能战无不胜。实际上,"无不克"并不仅仅局限于战争,还引申为各种艰难困苦。一个人能够做到无不克,他必然是得道之人,这种境界就是寻常人难以企及的了。

"莫知其极,可以有国。有国之母,可以长久",能力不可预测就可以治理国家了,那么什么是"有国之母"呢?"母"就是化育万物的大道,也就是事物的根本。对执政者而言找到无为之道,就是找到了立身的根本。依道而行,自然"可以长久"。

纵观全文,可以看出凡事要早做准备,打好基础,才能在关键时刻发挥作用。反之,如果缺少防患于未然的意识,就会招来失败的命运。因此,老子提倡"啬"的思想,值得我们借鉴。在日常的生活中,我们要从一点一滴做起,不断积累自身的实力,生活与事业就会在不知不觉中迎来成功。

【原文】

帛书甲本

□□□□□□□□□□□□□□□□□□□□□□□□□□□□□□□□□□□□□□，可以有国。有国之母①，可以长久。是胃深根固氐②，□□□□□道也。

帛书乙本

治人③事天④莫若啬⑤，夫唯啬，是以蚤服⑥，蚤服是胃重⑦积□。重积□□□□□□□□莫知其□。莫知其□□□有国。有国之母，可□□□。是胃□根固氐，长生久视⑧之道也。

河上公本

治人，事天，莫若啬。

---

① 母：根本，本原。
② 氐：同"柢"，树的根须。
③ 治人：治理人民。
④ 事天：养护身心。
⑤ 啬：原意是将农作物放进仓库，引申为珍惜，节俭。
⑥ 蚤服：尽早服从道。蚤，同"早"。
⑦ 重：不断地。
⑧ 长生久视：长久地存在。

夫唯啬,是谓早服;早服谓之重积德;重积德则无不剋①,无不剋则莫知其极;莫知其极,可以有国;有国之母可以长久;是谓深根固蒂长生久视之道。

王弼注本

治人事天莫若啬,夫唯啬,是谓早服,早服谓之重积德。重积德则无不克,无不克则莫知其极。莫知其极,可以有国。有国之母,可以长久。是谓深根固柢、长生久视之道。

【译文】

治理人民和保养身心,没有比爱惜精神更好的办法了。

要爱惜精神,就要尽早服从道;尽早服从道就是不断地积德;不断地积德就能战胜一切;战胜了一切就没有极限了;能力没有极限就可以治理国家。知道了治理国家的根本,国家就可以长存。这就是根深蒂固、得以长存的道理。

---

① 剋:同"克",攻克,取胜。

第六十章

【题解】

老子在本章继续强调以自然无为的方法来治理天下。

"治大国若烹小鲜",这是本章的第一句话,也是《道德经》中极为经典的语句。小鱼还没有长成,所以在煎烹小鱼时不能老去翻动,否则就会将鱼弄碎,必须多加小心才能做出美味。此处,老子将治理大国比喻为煎烹小鱼,就是告诫统治者不要任性而行,违反客观规律,应该顺民意无为而治。

古往今来,无数的历史证明:执政者采用了无为而治,民众在自然状态中幸福安乐,天下祥和。反之,百姓深陷水深火热,民怨沸腾,灾祸丛生。因此,老子以烹小鱼为例,是为明君治国指出了方向。

接下来,老子论述了以大道的原则治理天下的功效。"以道莅天下,其鬼不神,非其鬼不神,其神不伤人"。鬼,代表着神秘莫测和邪恶,对人类的影响是极大的。鬼怪为什么不会作祟了呢?这是因为君子以大道行天下,它们无法抗拒这种光明正大的神圣力量,自然会收敛自己的行为。"圣人亦不伤人。夫两不相伤,故德交归焉"。鬼怪不会伤害人,圣人更不会伤害人,这是百姓的福气。"两不相伤",足见大道的威严。在这种情况下,天下百姓得以自化，社会秩序清正祥和。

由此可见，如果执政者能够守道无为，任何的邪恶势力就无机可乘，正所谓"邪不胜正"。世间的各种势力都各守其静时，也是天下百姓最平安之刻。因此，社会灾祸的根源最终来源于人，统治者只有无为而治，才是免除灾难的最好办法。

【原文】

帛书甲本

□□□□□□□

□□□天下，其鬼不神①。非②其鬼不神也，其神③不伤人也。非其神不伤人也，圣人亦弗伤□。□□不相□□德交归焉。

帛书乙本

治大国若亨小鲜④，以道立⑤天下，其鬼不神。

非其鬼不神也，其神不伤人也。非其神不伤人也

---

① 神：显灵。
② 非：不仅。
③ 神：神灵。
④ 小鲜：小鱼。
⑤ 立：同"莅（lì）"，来临，到。

□□□弗伤也。夫两□相伤，故德交归①焉。

河上公本

治大国若烹小鲜。以道莅天下，其鬼不神；非其鬼不神，其神不伤人；非其神不伤人，圣人亦不伤。夫两不相伤，故德交归焉。

王弼注本

治大国若烹小鲜，以道莅天下，其鬼不神。

非其鬼不神，其神不伤人。非其神不伤人，圣人亦不伤人。夫两不相伤，故德交归焉。

【译文】

治理大的国家，就像烹制小鱼一样。用道来治理天下，鬼怪也发挥不了作用，并非不能发挥作用，而是发挥作用也不会伤害人，不但它们不伤害人，圣人也不会伤害人。这样说，两者都不会伤害人，所有功德的恩惠就都归于百姓了。

---

① 德交归：百姓享受鬼神和圣人的双重恩德。交，全部。归，汇。

第六十一章

【题解】

这是一篇洋溢着人道主义的指导性文章,论述了国与国之间如何相处的外交问题。

春秋时期,国家有大小之分,国与国之间倚强凌弱,以大欺小是经常发生的。"杀君三十六,亡国二十五"就是最好的证明,战争给百姓带来了无尽的苦难。实际上,在当时各国错综复杂的矛盾中,起主导作用的还是那些大国。如果大国的国君出于一己之私,就很有可能发动战争,处于贫弱地位的小国是难以抵抗的。因此,老子提出:"大邦者下流,天下之交,天下之牝。"大的诸侯国要居于下流,具有雌性的安静柔和,这样才能得到弱小国家的真心归附。

接下来,老子就以雌性的柔和能战胜强硬来说明问题。"牝常以静胜牡,以静为下。故大邦以下小国,则取小国;小邦以下大国,则取大国"。大国如果能以谦和的态度对待小国,就能取得信任的效果。小国能以谦卑的态度对待大国,也会得到大国的保护。二者之间就是大海与小溪的关系,谦和居下则是彼此信任的基础。在春秋时期,许多小国成了大国的附庸,除了俯首纳贡,还要承担许多负担,人民苦不堪言。针对社会现实,老子才提出这种主张,以此来劝诫大国之君能够宽厚仁慈。

对于解决国家间的争端，老子并没有从相互平等出发，而是提倡"相下"和"两者各得其所欲"的原则。这样做符合当时的实际，也体现了大道无为的特点。大国和小国之间只有相互尊重才能和平相处。在这个过程中，各取所需，彼此都能够发展壮大。不用战争，不惊扰百姓就能达到目的，每一个清醒的国君，都会选择这样的处理方式。

实际上，"大者宜为下"也是人与人之间相处的智慧。古今中外，许多伟大的人物能够主动将自己放在低处，展现出谦卑处下的风范，在包容一切中汲取力量。学会"处下"的智慧，对于每个人都有着现实的意义。

【原文】

帛书甲本

大邦①者，下流②也，天下之牝③。天下之郊④也，牝恒以靓胜牡。为其靓□□宜为下。

大邦□下小□，则取小邦；小邦以下大邦，则取于大邦。故或下以取，或下而取。□大邦者，不过欲兼畜⑤人；

---

① 邦：国家。
② 下流：河流的下游。
③ 牝：雌性的鸟兽。
④ 郊：同"交"，百川总汇、汇集。
⑤ 兼畜：聚起来饲养。

小邦者，不过欲入事①人。夫皆得其欲□□□为下。

帛书乙本

大国□□□□□□牝也。天下之交也，牝恒以静朕牡。为其静也，故宜为下也。

故大国以下②□国，则取③小国；小国以下大国，则取于大国。故或下□□□下而取。故大国者，不□欲并畜人；小国，不过欲入事人。夫□□其欲，则大者宜④为下。

河上公本

大国者下流，天下之交，天下之牝。牝常以静胜牡，以静为下。

故大国以下小国，则取小国；小国以下大国，则取大国。或下以取，或下而取。大国不过欲兼畜人，小国不过欲入事人。夫两者各得其所欲，大者宜为下。

王弼注本

大邦者下流，天下之交，天下之牝。牝常以静胜牡，

---

① 入事：顺从。
② 下：谦让。
③ 取：同"聚"，汇聚，统领。
④ 宜：应该。

以静为下。

故大国以下小国，则取小国；小国以下大国，则取大国。故或下以取，或下而取。大国不过欲兼畜人，小国不过欲入事人。夫两者各得其所欲，大者宜为下。

【译文】

大的国家应该像大海一样居于百川的下游，这样天下民众就会归附于它；还应该像雌性动物那样居于天下最柔和的状态。雌性常常用自己的安静从容战胜雄性，这是因为它的雌柔处于下方的缘故。

因此，大国以谦让的态度对待小国，就能汇集很多的小国；小国以谦让的态度对待大国，就能得到大国的保护。所以，大国有时对小国谦让，从而汇集更强大的力量，小国有时谦让大国，从而受到大国的包容。大国不要过分地统治小国，小国也不要过分地顺从大国。两者各取所需，大国更应该具有谦让的美德。

第六十二章

【题解】

在本章，老子阐述了"道"之可贵及修道坚守的原则，再次强调守道的重要。

"道者万物之奥，善人之宝，不善人之所保"。老子在开篇就指出了道的宝贵。它是万物的主宰，善人的法宝，即便是不善之人，也向它寻求保护。作为万物的本原，大道时刻护佑着众生。一个人不管善恶，只要有向道之心，都会得到它的保护。

　　"美言可以市尊，美行可以加人。人之不美，何弃之有？故立天子，置三公"。这几句话体现了大道公正无私的特点，平等对待每一个生命，当一个人的行为合乎大道时，大道就会奖赏他。当一个人的行为违背大道时，大道就会惩罚他。这是天理使然，没有任何主观情感的因素。为了体现大道的公正，"故立天子，置三公"。天子和三公是代表道对天下百姓实施管理。

　　"虽有拱璧以先驷马，不如坐进此道"中，"拱璧"和"驷马"是君王出行时的隆重仪仗。在老子看来，一国之君尽管显赫，也不如静坐悟道。老子以帝王之尊与得道相对比，目的是让人了解道的宝贵。在老子看来，人世间的东西再美好，也不能长存，而道是永恒不灭的。

　　接下来，老子以古人为例，阐释了修道的目的。"古之所以贵此道者何？不曰以求得，有罪以免邪！故为天下贵"。古人对修道有着清醒的认识，因为大道慈悲宽容，对于世人的恳求是能够满足的，即便是犯了重罪，也是一再地给予机会，令他悔过自新。因此，无论是何人都能在大道中受益。基于这种认识，道为天下所贵是不难理解的。

　　人生如幻，转眼成空。纵是天子三公，拥有拱璧驷马，也不如清静无为的心念。人君要行"无为"之政，世人应以宽善相处。只有做到与大道相融，才会拥有美好的未来。

【原文】

帛书甲本

□者万物之注也，善人之葆也，不善人之所葆也。

美言可以市①，尊行可以贺人②。人之不善也，何□□有。故立天子，置三卿③，虽有共之璧④以先四马⑤，不善坐而进⑥此。

古之所以贵此者何也？不胃□□得，有罪以免⑦舆！故为天下贵。

帛书乙本

道者万物之注也，善人之葆也，不善人之所葆也。

美言可以市，尊行可以贺人。人之不善，何□□□。□立天子，置三乡，虽有□□璧以先四马，不若坐而进此。

古□□□□□□□□不胃求以得⑧，有罪以免与！故为

---

① 市：换来，换取。
② 贺人：对人施加影响。贺，加，覆。
③ 三卿：西周时设立的太师、太傅、太保三公。
④ 共之璧：双手捧着美玉，形容极其隆重的礼节。共，同"拱"。
⑤ 四马：四匹马拉的车。四，同"驷"。
⑥ 坐而进：安坐而进言。
⑦ 免：豁免，消除。
⑧ 求以得：所求都能得到。

天下贵。

河上公本

道者万物之奥①。善人之宝，不善人之所保。

美言可以市，尊行可以加人。人之不善，何弃之有？故立天子，置三公，虽有拱璧以先驷马，不如坐进此道。

古之所以贵此道者，何不日以求得？有罪以免耶，故为天下贵。

王弼注本

道者万物之奥，善人之宝，不善人之所保。

美言可以市尊，尊行可以加人。人之不美，何弃之有。故立天子，置三公，虽有拱璧以先驷马，不如坐进此道。

古之所以贵此道者何？不曰以求得，有罪以免邪！故为天下贵。

【译文】

道是万物的庇护所，善良的人把它看成宝贝，不善良的人也想借它安身。

好听的话语能够换来别人的尊敬，高尚的行为可以对他人产生影响。人即使不善良，道又怎么会舍弃他呢？所以在拥立天子，设

---

① 奥：深藏隐蔽，引申为庇护的意思。

置三公的时候，虽然有拱璧在先驷马在后的仪式，也不如坐下来深入了解道。

古人为什么这样重视道？不就是说：它能有求必应，即使犯了罪也可以得到宽恕吗？所以天下人才这样珍视它。

第六十三章

【题解】

本章主要阐述了老子清静无为的思想，以及事物由小成大、由少成多的道理。

老子无为的思想，贯穿整部《道德经》。在这一章中，老子在开篇即指出："为无为，事无事，味无味。"这是对修道境界的一种概括，就是要顺应自然规律去做事，从实际情况出发，积蓄力量，而不要过于执着做事的目的。

"图难于其易，为大于其细。天下难事必作于易，天下大事必作于细"。这几句话揭示了事物发展的规律，指出了难与易、大与小的辩证关系，对于人们的行为具有深刻的指导意义。修道是一个漫长而又艰苦的过程，令寻常人难以想象。然而，只要有一颗坚定的心，踏踏实实地做，随着时间的推移，就一定会收到成效。看似无比艰难的事情，也都是从最基础、最简单处入手。老子的这番话，对修道之人是一种鼓励，也为他们的修行指明了方向。对世人而言，老子的论述更是具有实际意义。做事要讲究循序渐进，最终会化难为易。要成就大事，就要从小事做起。

文章在最后指出了圣人终无难的缘故，"圣人终不为大，故能成其大""是以圣人犹难之，故终无难矣"。圣人的思想植根与大道，他不张扬自我，做事细致周详。这种低调严谨的行事风格，注定让他走向成功。

"轻诺必寡信，多易必多难"是本文最经典的论述。一个轻易许诺的人，会把事情想象得简单，对困难的估计也不会全面，事情的结果往往是半途而废。轻诺之人往往轻浮狂躁，不会兑现诺言，其结局只能是"寡信"。同样，一个张嘴就说容易的人，他的思想、胸襟、行事与轻诺之人没什么两样。老子的这两句话，既能有助识人，也能促人自省，确是人生的大智慧。

【原文】

帛书甲本

为无为①，事无事，味无未，大小，多少②，报怨以德③。图难乎□□□□□□□□□。天下之难作于易④，天下之大作于细，是以圣人冬不为大⑤，故能□□□

□□□□□□□□□必多难，是□□人犹难之，故终

---

① 为无为：把无为作为最高明的行为。
② 大小，多少：大是从小不断生长而成，多是由少不断累积而成。
③ 报怨以德：这一句与前文不符，且在七十九章中也有出现。
④ 易：容易，简单。
⑤ 不为大：不自以为大。

于无难。

帛书乙本

为无为，□□□□□□□□□□□□□□□□□□乎其细也。

天下之□□□易，天下之大□□□□□□□□□□□□

夫轻若□□信，多易必多难，是以耵人□□之，故□□□□

河上公本

为无为，事无事，味无味。

大小多少，报怨以德。图难于其易，为大于其细；天下难事必作于易，天下大事必作于细。是以圣人终不为大，故能成其大。

夫轻诺必寡信①，多易必多难。是以圣人犹②难之，故终无难。

王弼注本

为无为，事无事，味无味。大小，多少，报怨以德。

---

① 寡信：很少遵守信用。
② 犹：都，总是。

图难于其易，为大于其细。天下难事必作于易，天下大事必作于细，是以圣人终不为大，故能成其大。

夫轻诺必寡信，多易必多难，是以圣人犹难之，故终无难矣。

【译文】

抱着无所为的态度而为，以不生事的方式去处理事务，以平淡无味的心态去品尝滋味。

大的事物都是从小长成的，多都是从少累积起来的。用恩德回报别人的怨恨。解决困难的事都是从容易的地方入手，做大事要从细微处入手。天下的难事，必定是从容易的地方开始；天下的大事，必定要从细微的地方开始，所以圣人始终不认为自己伟大，因此能够成就大事。

轻易许下诺言必定很少守信用，把事情看得太容易必定会遇到很多困难。所以圣人总是把事情看得很难，所以最终会解决困难。

第六十四章

【题解】

这一篇论述了未雨绸缪、防患于未然的道理，并指导世人如何从细小着手办成大事。

"其安易持，其未兆易谋，其脆易泮，其微易散"。局面安定的时候容易把握，事情还没出现端倪时容易谋划，事物柔弱的时候容易将它分开，事物细微时容易消散。通过这四句描述，老子告诉我们事物都有其本质的特点。在面对突如其来的事情时，只要找到本质，问题就会得到妥善解决。

接下来，老子用了三个排比句，阐述了按照规律办事的道理。"合抱之木，生于毫末。九层之台，起于累土。千里之行，始于足下"，事物的发展过程都是从小到大的，做事情要有足够的信心并耐心地去完成。稍有松懈，就会前功尽弃。这一点，对现代的年轻人教诲极大。有很多人总是梦想着不劳而获，有一种办大事的冲动。然而，他们不懂得上述道理，好高骛远，志大才疏。一个有抱负的年轻人，应该学会脚踏实地，从点滴做起。

"为之于未有，治之于未乱"，体现着深刻的人生智慧。在祸乱发生之前，一定要有预防，找到其根源。事实证明，出现大的错误，往往是一些细节不被重视造成的。所以我们在创业的道路上，要及时克服和纠正小缺点，把它消灭于萌芽。长此以往，必然有效抵御错误思想和行为的入侵。

老子作为得道高人，对人生自有其独到的看法。他发现人类的很多行为都脱离了大道的要求。"是以圣人无为，故无败；无执，故无失。民之从事，常于几成而败之。慎终如始，则无败事"。在老子看来，人的一切灾难和困惑都源于自己的内心，心有所执，事有所为，才惹来无尽的痛苦。世人应该以无为的心态做事，自始至终保持谨慎的态度，就一定会取得成功。

【原文】

帛书甲本

其安①也,易持②也。□□□□□□□□□□□□□□□□□□□□□□□□□□□□□□□□□毫末③。九成之台,作于蠃土④。百仁之高,台于足□□□□□□□□□□□□□也,□无败□;无执也,故无失也。

民之从事也,恒于其成事而败之,故慎终若始,则□□□

□□□□□欲不欲,而不贵难得之朌;学不学,而复众人之所过;能辅万物之自□□弗敢为。

帛书乙本

□□木,生于毫末。九成之台,作于虆土。百千之高,始于足下。

---

① 安:安定。
② 持:持守,掌控。
③ 毫末:微小的萌芽状态。
④ 蠃土:一堆泥土。

为之者败之，执者失之。是以耺①人无为□□□□□□□□□□□

民之从事也，恒于其成而败之，故曰：慎冬若始，则无败事矣。

是以耺人欲不欲，而不贵难得之货；学不学，复众人之所过；能辅万物之自然，而弗敢为。

河上公本

其安易持，其未兆②易谋。其脆易破③，其微易散。为之于未有，治之于未乱。

合抱之木，生于毫末；九层之台，起于累土；千里之行，始于足下。

为者败之，执者失之。圣人无为故无败，无执故无失。④

民之从事，常于几成而败之。慎终如始，则无败事。

是以圣人欲不欲，不贵难得之货；学不学，复众人之所过。以辅万物之自然，而不敢为。⑤

---

① 耺：同"圣"。
② 兆：征兆，预兆。
③ 破：分散，消解。
④ "为者败之"句：此句子在二十九章中也有出现。
⑤ "是以圣人欲不欲"句：这个句子与前文不符，疑应当删去。

王弼注本

其安易持，其未兆易谋，其脆易泮，其微易散，为之于未有，治之于未乱。

合抱之木，生于毫末。九层之台，起于累土。千里之行，始于足下。

为者败之，执者失之。是以圣人无为，故无败；无执，故无失。

民之从事，常于几成而败之。慎终如始，则无败事。

是以圣人欲不欲，不贵难得之货；学不学，复众人之所过；以辅万物之自然，而不敢为。

【译文】

安定的局面容易掌控，事情在没有出现征兆之前容易谋划；事物在脆弱的时候容易分散，在微弱的时候容易消失。在事情没有发生之前将它处理好，要在祸乱没有发生之前进行治理。

合抱的大树是从微小的萌芽开始生长的，九层的高塔是从土堆开始筑起的，远行千里是从第一步开始的。

想有所作为的人往往会招致失败，执着追求的人往往容易失去。所以圣人无为，就不会有失败，不执着于任何东西，就没有损失。

人们做事情，常常在即将成功的时候失败了。在事情即将结束的时候一定要像开始一样慎重，那么做事就不会失败了。

所以圣人希望得到的东西是常人不愿得到的，他们不把难得的东西看得很贵重；学习常人不学的，以此来补救大家的过失。遵循万物发展的自然规律而不妄加干涉。

第六十五章

【题解】

在这一章中,老子提出了自然真朴的为政之道。道是为政的重要原则,百姓难以治理就在于他们有智巧,而没有大道做基础的智巧,则是国家的大祸患。

"古之善为道者,非以明民,将以愚之",老子认为百姓有无心机,与执政者的关系极大。在老子看来,统治者崇尚巧智,人们便会互相伪诈。统治者真诚质朴,民风才会良好,人民才能相安无事。

在《道德经》中,"愚"没有贬义,并不指蠢笨,而是指真诚、质朴。而对于"智",老子却是贬低厌恶的。他认为"智"是导致民众彼此冲突,相互争斗的原因。"民之难治,以其智多"阐述的就是这个道理。因此,老子说:"故以智治国,国之贼;不以智治国,国之福。"这里,老子对执政者提出了警告,治理国家必须摒弃智巧,以大德无为管理万民。在文章最后,老子又提出了玄德的概念。这种至高的德行是不断深入的,不断扩展的,是万物在顺其自然中体现出来的。

老子在这一章告诉我们,只有遵循大道,抛弃虚伪和狡诈,才能实现自己的人生价值。反之,一个人离道越远,灾祸就会离他越近。

【原文】

帛书甲本

故曰：为道者非以明民^①也，将以愚^②之也。

民之难□□□知也。故以知知邦，邦之贼^③也；以不知知邦，□□德也。

恒知此两者，亦稽式^④也；恒知稽式，此胃玄德^⑤。玄德深矣，远矣，与物□矣，乃至大顺^⑥。

帛书乙本

古之为道者^⑦，非以明□□□□之也。

夫民之难治也，以其知也。故以知知国，国之贼也；以不知知国，国之德也。

恒知此两者，亦稽式也；恒知稽式，是胃玄德。玄德深矣，远矣，□物反^⑧也，乃至大顺。

---

① 明民：让人民聪明巧智。
② 愚：朴实，敦厚。
③ 贼：灾祸，伤害。
④ 稽式：规则，法则。
⑤ 玄德：最高的德行。
⑥ 大顺：顺应自然。
⑦ 为道者：运用道治理国家的人。
⑧ 反：同"返"，复归。

河上公本

古之善为道者,非以明民,将以愚之。

民之难治,以其智多①。以智治国,国之贼;不以智治国,国之福。

知此两者亦楷式。常知楷式,是谓玄德。玄德深矣,远矣,与物反矣,乃至大顺。

王弼注本

古之善为道者,非以明民,将以愚之。

民之难治,以其智多。故以智治国,国之贼;不以智治国,国之福。

知此两者,亦稽式;常知稽式,是谓玄德。玄德深矣,远矣,与物反矣,然后乃至大顺。

【译文】

古时候善于用大道治理国家的人,不是让人民学会聪明智巧,而是让人民变得淳朴善良。

人民之所以难以治理,是因为他们太奸诈。所以说用智巧奸诈统治国家,会对国家产生许多危害;不用智巧奸诈治国,这样才是国家人民的幸福。

---

① 智多:多智,多奸诈,并不是多智慧。

知道这两个治国策略的区别，也就知晓了治国的法则。经常了解这个法则，就是最高的德行。玄德的意义深远，和万物一起返璞归真，然后才能最大限度地顺其自然。

第六十六章

【题解】

本章具体论述了谦下卑弱的王者之道。"江海所以能为百谷王者，以其善下之，故能为百谷王"。文章以江海做比喻，体现了"善下"的重要性。执政者唯有懂得谦下退让，才能使统治地位稳固。只有肯居下，才会最终居上。老子喜欢用江海来说明事理，同时江海也代表人的包容大度。江海为百川所趋，圣人为人心所向，这都是由于"善下"的缘故。

治理国家，就要处理好与百姓的关系。"是以欲上民，必以言下之；欲先民，必以身后之"。此处的"言下之"和"身后之"都体现执政者对待民众的态度。在言语上，谦和有礼，不随意发号施令。在利益方面，将自己放在百姓的后面。这样的国君才会得到民众的拥戴。春秋晚期，统治者与人民之间地位相差悬殊，很少有人能以谦卑的姿态对待人民，导致社会矛盾不断激化。老子正是看到了这一点，他希望执政者能够效仿古代的圣贤，敬民爱民，社会实现大治。

"是以圣人处上而民不重，处前而民不害，是以天下乐推而不厌。以其不争，故天下莫能与之争"。在这里，老子提出"天下乐推"，饱含深意。在老子看来，如果执政者让人民没有压迫的感觉，那么他就会赢得国民的尊重，还会获得天下人的推举。一个"乐"字，体现着淳朴的社会风气，体现着百姓对君主的心悦诚服，体现着国家的长治久安。一国之君如能达到这样的境界，天下就没有什么力量可以与他抗衡了。

【原文】

帛书甲本

□海之所以能为百浴①王者，以其善下②之，是以能为百浴王。

是以圣人之欲上民③也，必以其言下之④；其欲先□□，必以其身后之。故居前而民弗害⑤也，居上而民弗重⑥也。天下乐隼而弗猒⑦也。非以其无静与，□□□□□□静。

---

① 百浴：众多河流。浴，同"谷"。
② 下：地势低的地方。这里指河流的下游。
③ 上民：号令天下，统领百姓。
④ 言下之：说话谦卑，不随意发号施令。
⑤ 害：妨碍，伤害。
⑥ 重：负担沉重。
⑦ 猒：同"厌"，厌烦，讨厌。

帛书乙本

江海之所以能为百浴□□□其□下之也,是以能为百浴王。

是以耵人之欲上民也,必以其言下之;其欲先民①也,必以其身后之。故居上而民弗重也,居前而民弗害。天下皆乐谁而弗猒也。不以其无争与,故□下莫能与争。

河上公本

江海所以能为百谷王者,以其善下之,故能为百谷王。

是以圣人欲上民,必以言下之。欲先民,必以身后之。是以圣人处上而民不重,处前而民不害。是以天下乐推②而不厌。以其不争,故天下莫能与之争。

王弼注本

江海所以能为百谷王者,以其善下之,故能为百谷王。

是以欲上民,必以言下之;欲先民,必以身后之。是以圣人处上而民不重,处前而民不害。是以天下乐推而不厌。以其不争,故天下莫能与之争。

---

① 先民:统率民众。
② 推:推举,颂扬。

【译文】

江海之所以能成为众多河流汇集的地方，是因为它善于处在下游，所以才能成为百川之王。

因此要想领导人民，一定要用言辞对人民表示谦下；想要领导人民，一定要把个人的利益放在人民的后面。这样的圣人处在领导的位置，人民不会感到负担重，处在人民前面，人民不会感到有危害。所以，天下的人民愿意推崇他而不会感到厌恶。因为他不和人相争，所以天下就没有人能与他相争。

第六十七章

（帛书本第六十九章）

【题解】

老子在这一章阐述了道的基本原则及其在社会生活中的运用，并提出了"慈、俭、不敢为天下先"的"三宝"之说。

道作为世界的本原，是一个极为抽象的概念，难以说清楚。因此，在本文的开篇，老子就说："天下皆谓我道大，似不肖。夫唯大，故似不肖。"此处的"不肖"是指什么也不像，它概括出"大象无形"的特点。

老子所讲的"三宝"，实际上就是道的三条基本原则。道虽然无象无形，却包容万物，化育一切。它不仅存在于自然，也存在于社会。三件法宝很值得人们重视,它是事关生死的大事。

在这"三宝"中,老子特别重视"慈"。它是"三宝"的前提和基础。"慈,故能勇""夫慈,以战则胜,以守则固。天将救之,以慈卫之",慈爱,看似柔弱,实则强大。它体现了大道的力量,具有天下母的特质。"俭"对人的意义非常重大,与之对立的是享乐。安逸享乐可以摧毁人的意志,腐蚀人的灵魂,让人走上毁灭的邪路。因此,圣者多提倡以俭养志,以俭养德。"不敢为天下先"是老子的第三宝。什么叫"不敢为天下先"?这是谦恭的品德,体现着无私无欲。正因为道心常在,圣人才不与人争。也正是因为他的不争,"故能成器长""天下莫与之能争"。

《道德经》中,包含着丰富的辩证法思维。文中所列举的慈与、勇、俭和广、先和后,都是可以相互转化的。因此,秉持"三宝"之人就更要警惕,切不可放纵懈怠,以免毁了自己。

【原文】

帛书甲本

□□□□□□□□□□夫唯□,故不宵。若宵,细久矣。我恒有三葆,□□□之。一曰兹①,二曰检②□□□□□□□□□□□□□□故能广;不敢为天下先③,故能为成事长。

---

① 兹:同"慈",慈爱,宽容。
② 检:同"俭",节约,俭省。
③ 天下先:位于他人的前面。

今舍其兹，且勇；舍其后，且先：则必死矣。

夫兹，□□则胜，以守则固。天将建之，如以兹垣之。

帛书乙本

天下□胃我大，大而不宵。夫唯不宵，故能大。若宵，久矣其细也夫。①

我恒有三琛，市而琛之，一曰兹，二曰检，三曰不敢为天下先。夫慈，故②能勇；检，故能广③；不敢为天下先，故能为成器长④。

今舍其兹，且⑤勇；舍其检，且广；舍其后，且先：则死矣。

夫兹，以单则胜，以守则固。天将建之，如以兹垣之。

河上公本

天下皆谓我道大，似不肖。夫唯大，故似不肖。若肖久矣，其细。

---

① "天下"句：这些句子与下文不符，可移至三十四章末尾。久矣，早就。细，纤细，渺小。
② 故：反而。
③ 广：宽广。
④ 器长（zhǎng）：万物的首领。器，万物。长，首领。
⑤ 且：有求。

我有三宝，持而保之。一曰慈，二曰俭，三曰不敢为天下先。慈故能勇；俭故能广；不敢为天下先，故能成器长。

今舍慈且勇，舍俭且广，舍后且先，死矣！

夫慈，以战则胜，以守则固。天将救之，以慈卫之。

王弼注本

天下皆谓我道大，似不肖。夫唯大，故似不肖。若肖，久矣其细也夫。

我有三宝，持而保之。一曰慈，二曰俭，三曰不敢为天下先。慈，故能勇；俭，故能广；不敢为天下先，故能成器长。

今舍慈且勇，舍俭且广，舍后且先，死矣。

夫慈，以战则胜，以守则固。天将救之，以慈卫之。

【译文】

天下人都对我说："道太大了，大到和什么东西都不像。"就是因为它实在太大了，所以才和别的事物不相像。如果相似，那就和其他事物一样微不足道了。

我有三件法宝，长久以来，我一直牢牢地保存着它们：一是慈爱，二是俭啬，三是不敢处在天下人前面。做到了慈爱，就能够更加有勇气；做到了勤俭，就会变得更加宽广；不处在天下人前面，才能成为万物的首领。

现在如果舍弃慈爱而妄逞勇武，舍弃节俭而求宽裕，舍弃谦让而居人前，那就要走向灭亡。

用慈爱的心面对战争就能胜利，用来防守就能稳固。上天要挽救一个人，就会用慈爱来守护他。

第六十八章

（帛书本第七十章）

【题解】

在这一章中，老子论述了无为思想在军事方面的运用，体现了大道的不争之德。

"善为士者不武，善战者不怒，善胜敌者不与，善用人者为之下"。这是老子对将帅提出的要求，概括起来就是不逞强、不易怒、不硬拼、善借力。在老子看来"武""怒"都是冲动、狂躁的表现。作为三军的统帅，应该沉着镇定，不急不躁，切忌逞匹夫之勇，意气用事。战争是国力的较量也是智慧的比拼。将帅一旦冒进冲动，将会给士兵带来灭顶之灾。同时还要善用别人的能力，增强自己的实力。行军打仗如此，做人也是这样。一个人暴躁激进是成大事的忌讳，平心静气，细致认真才会获得成功。

"是谓不争之德，是谓用人之力，是谓配天，古之极"，老子称上述行为是"不争之德"。由此可见，用兵也应该遵守"道"的原则，只能是"不得已而用之"。这种"不争之德"，体现着大道无为的思想，也是克敌制胜的法宝。"不战而屈人之兵"，就是通过"不争之德"得以实现的。道生万物，在万物中发挥着作用。用兵打仗自是社会生活的一部分，必然也受到大道的制约。老子的军事思想，也是老子朴素无为、辩证统一思想的重要体现，值得重视与研究。

在战争中，如果将"不争之德"加以细化，就会看到这种德行的功效。当敌军蓄势而来，守势的一方固守城池，不与其交锋，同时将百姓和物资全部撤走。这样，敌军的立足和补给就会出现问题。随着时间的延长，敌人的士气不断削弱。待时机成熟后，突发奇兵，必定大获全胜。战争，不能只靠强悍勇敢，更需要智慧。"以守为攻""以逸待劳"是战争的策略，更体现了老子所说的"不争之德"。

【原文】

帛书甲本

善为士①者不武②，善战者不怒，善胜敌者弗□，善用人者为之下③。□胃不诤之德，是胃用人，是胃天，古之极也。

帛书乙本

故善为士者不武，善单者不怒，善朕敌者弗与④，善用

---

① 士：士卿。这里指统治者。
② 不武：不崇尚武力。
③ 下：表示谦下。
④ 弗与：不争。

人者为之下。是胃不争□德,是胃用人,是胃肥天①,古之极②也。

河上公本

善为士者不武,善战者不怒,善胜敌者不与,善用人者为之下。是谓不争之德,是谓用人之力,是谓配天古之极。

王弼注本

善为士者不武,善战者不怒,善胜敌者不与,善用人者为之下。是谓不争之德,是谓用人之力,是谓配天,古之极。

【译文】

善于统帅的人,不推崇武力;善于作战的人,不会轻易被激怒;善于战胜敌人的人,不与敌人正面交锋;善于用人的人,为人谦逊礼贤下士。这就是不争的德行,这就是善于运用别人的能力,这就是符合天道,是古代最极致的境界。

---

① 肥天:即配天,符合自然之道。
② 古之极:古代极致的境界。

第六十九章

(帛书本第七十一章)

【题解】

本章承接上一章,继续讲述"道"在军事方面的运用。特别赞扬哀和慈,希望将帅能行不争之德。

老子曾说:"夫兵者,不祥之器,物或恶之,故有道者不处。""夫乐杀人者,则不可得志于天下。"老子反对战争,对滥杀无辜更会无比愤慨。因此,老子开篇即讲:"用兵有言:'吾不敢为主,而为客;不敢进寸,而退尺。'"这句话就是在告诫君王将帅,不要挑起战事争端,应"为客"。凡具有善良之心的指挥者,都不会把战争作为进攻的手段,而是善于有效防守。"攘无臂,扔无敌,执无兵",这种状态体现着主帅的沉着与镇定,也体现对战事的慎重,更是一种高明的战斗策略。

在对敌中,常常会出现敌强我弱的态势。因此,弱势一方要慎之又慎,"不敢进寸而退尺"。接着老子又谈到了轻敌。由于轻敌,就会出现更多的杀戮。杀戮过多,慈悲就会丧失。因此,老子说:"轻敌几丧吾宝。"在文章最后,老子指出:"哀者胜矣。"当被迫迎战时,那种巨大的力量会使人更加勇敢。即便双方实力相当,怀有"哀"心的一方必然会胜利。这种不得已而为之的行为,正是老子所提倡的用兵之道。天下没有无敌的军队，违反大道，穷兵黩武之人都是没有好结果的。

【原文】

帛书甲本

用兵有言曰：吾不敢为主①而为客②，吾不进寸而芮尺。是胃行无行③，襄无臂④，执无兵⑤，乃无敌矣。

祸莫于于无敌，无敌斤亡吾吾葆矣。

故称兵相若⑥，则哀者⑦胜矣。

帛书乙本

用兵又言曰：吾不敢为主而为客，不敢进寸而退尺。是胃行无行，攘无臂，执无兵，乃无敌。

祸莫大于无敌，无敌近亡吾琛矣。

故抗兵相若，而依者朕□

---

① 主：主动进攻的一方。
② 客：被动防守的一方。
③ 行（xíng）无行（háng）：行军却没有行阵。
④ 襄无臂：奋起却没有挥臂。襄，同"攘"。
⑤ 执无兵：执握却没有兵器。
⑥ 相若：相当。
⑦ 哀者：悲悯的人。

河上公本

用兵有言：吾不敢为主而为客，不敢进寸而退尺。是谓行无行，攘无臂，仍无敌，执无兵。

祸莫大于轻敌，轻敌几丧吾宝。

故抗兵相加，哀者胜矣。

王弼注本

用兵有言：吾不敢为主而为客，不敢进寸而退尺。是谓行无行，攘无臂，扔无敌，执无兵。

祸莫大于轻敌，轻敌几丧吾宝。

故抗兵相加，哀者胜矣。

【译文】

用兵的人说："我不敢成为主动进攻的一方，而是去被动的防守；不敢向前一寸，而宁愿后退一尺。"这就是虽然有阵势，但看起来就像没有一样；虽然举起手臂，但看起来就像没有一样；虽然面对着敌人，却像没有看到一样；虽然手中握着兵器，就像没有一样。

最大的祸患就是轻敌，轻敌几乎丧失了我的法宝。

因此两军实力相当的时候，怀有悲悯之心的一方会获得胜利。

第七十章

（帛书本第七十二章）

【题解】

在这一章，老子以自己为例，阐述了"圣人被褐怀玉"的道理。

"吾言甚易知，甚易行；天下莫能知，莫能行"。这句话是老子对自己的评价和感叹。虽然老子被称为道教始祖，是了不起的高人，但他所提倡的无为、柔弱、处下、不争等思想，都是出于自然的道理。这些道理贴近人的实际，与百姓的生活息息相关，最容易理解也最容易做到。然而，现实生活中的各种名利欲望蒙蔽了世人的眼睛。他们只羡慕华丽的外表，淳朴的本性却逐渐丧失。对于老子所提出的道理置若罔闻。他们哪里知道，老子讲的道理是多么珍贵，多么难得。世人的冷漠，让老子感叹传道之艰难。因此，他说："知我者希，则我者贵。"

"是以圣人被褐怀玉"，这句话可以从两个方面来理解。第一，它体现了圣人内敛、低调、朴实不争的行为特点。一个得道之人不应该去追求外表的华丽、地位的显赫，应以身有宝物为傲。世间的一切都算不得什么，不被人理解，受到人们的嘲笑，没什么大不了。第二，与别人相处时，不要光注重外表，更应注意内在的东西，尤其是人品、性格。地位和财富并不代表一个人的好与坏。真正有才学的人，很少炫耀张扬。他们总是默默无闻，不让人知道。同时，一个人要学会收敛锋芒，不能处处显山露水。因为锋芒毕露的人，最容易引起别人的嫉妒，会招来麻烦。学会藏锋露拙，能帮自己掌握更多的主动性，是一种高明的人生智慧。

【原文】

帛书甲本

吾言甚易知①也，甚易行也；而人莫之能知也，而莫之能行也。

言有君②，事有宗③。夫唯无知也，是以不□□□□□□□我贵矣。

是以圣人被褐④而裹玉⑤。

帛书乙本

吾言易知也，易行也；而天下莫之能知也，莫之能行也。

---

① 知：理解。
② 君：根本。
③ 宗：宗旨。
④ 被褐：穿着粗布衣服。被，穿着。褐，粗布衣。
⑤ 裹玉：怀中揣着美玉。这里指有才能。裹，同"怀"。

夫言又宗，事又君。夫唯无知也，是以不我知①。
知者希，则②我贵矣。是以耵人被褐而褱玉。

河上公本

吾言甚易知，甚易行。天下莫能知、莫能行。
言有宗，事有君。夫惟无知，是以不我知。
知我者希，则我者贵。是以圣人被褐怀玉。

王弼注本

吾言甚易知，甚易行；天下莫能知，莫能行。
言有宗，事有君。夫唯无知，是以不我知。
知我者希，则我者贵。是以圣人被褐怀玉。

【译文】

我说的话特别容易理解，特别容易实行。可是天下人没有谁能够理解，没有谁能够实行。

说话有主旨，行动有依据。正是因为人们不懂得这个道理，所以没有人能够理解我。

能够理解我的人太少了，能够效仿我的人更是难能可贵。因此圣人只能穿着粗布的衣服而怀揣着美玉。

---

① 不我知：不知我。
② 则：效仿。

第七十一章

(帛书本第七十三章)

【题解】

在这一章，老子论述了"知"与"不知"的辩证关系，阐释了"人贵有自知之明"的道理。

"知不知，上；不知知，病"。这是一句至理名言，一个人所掌握的知识是相对的，而不明白的事理是绝对的。对于修道人而言，老子的话重在表达信念的真诚。修行的路上，难免遇到瓶颈之处。此时应虚心对待，明确不足，寻找解决的办法。而敷衍了事，不懂装懂，则是对修行的亵渎。在世人层面上讲，老子对那些盲目自大，没有自知之明的人提出了警告。

天地万物深邃奥妙，即使是很有智慧的人，也可能是一知半解。有些人只看到事物的表层，但以为洞悉了事物的真相，就自以为很了不起。孔子说过："知之为知之，不知为不知，是知也。"自知之明，不但是一种智慧，更是一种品德。人应该谦虚真诚，不要爱慕虚荣，弄虚作假。在这里老子提出了优良的学习态度，那就是诚实唯物。人最放不下的就是自己，执着自己的一切。能够自知的人，是有道心的表现，将自己放得很低，懂得敬畏和自省。这种人是真正的聪明，辩证地看待自己，是人生的赢家。而那些不懂装懂、欺世盗名之人，只会得到人们的嘲笑和鄙视。

自知代表着进步，不自知意味着愚昧。无论是个人还是国家，都是同一个道理。对于一个人来讲，都要客观地认识自己，既不要盲目自大，也不要妄自菲薄，以辩证的思想有所作为，做一个具有真正"自知之明"的高人。

【原文】

帛书甲本

知不知①，尚②矣；不不知知，病③矣。是以圣人之不病，以其□□□□□□

帛书乙本

知不知，尚矣；不知知④，病矣。是以耴人之不□也，以其病病⑤也，是以不病。

河上公本

知不知上；不知知病。夫唯病病，是以不病。圣人不

---

① 知不知：知道自己有所不知。
② 尚：高明。
③ 病：毛病。
④ 不知知：不知道却以为自己知道。
⑤ 病病：把毛病当作毛病。

病，以其病病，是以不病。

王弼注本

知不知，上；不知知，病。夫唯病病，是以不病。圣人不病，以其病病，是以不病。

【译文】

知道自己还有所不知的，是高明的；不知道自己有所不知，这就是毛病。如果知道这种毛病是一种毛病，就不会犯这种毛病。圣人没有毛病，是因为他能把毛病当成毛病来对待。正是因为他能把毛病当作毛病来对待，所以他就没有毛病。

第七十二章

（帛书本第七十四章）

【题解】

本章承接上文，阐述执政者要懂得自知之明的道理，体现了老子反对暴政、对高压极权提出的警告。

全文从三个部分展开。首先说民不畏威的后果，"民不畏威，则大威至"。当老百姓到了不害怕刑法的时候，那么大的祸患就要发生，百姓就会起来造反。为了避免这样的事情发生，老子又指出民不厌弃的道理。"无狎其所居，无厌其所生。夫唯不厌，是以不厌"。哪一朝的百姓都希望安居乐业，历史上每一次农民起义都是官逼民反。面对暴政的逼迫，百姓难以维持生活，就只能铤而走险。鉴于这种原因，老子希望执政者能够对百姓宽容，不施以严刑酷法，爱民惜民。一国之君如能采取谦下宽厚的政策，必会得到人民的拥戴。

"自知不自见，自爱不自贵"是本文最具深意的句子。"自知"是指自己知道、明白。这个自己又是什么呢？那就是人的良知。一个无恶不作之徒，他可以欺骗别人，但是骗不了自己。自知是对自己良心的认同，是对大道法则的敬重，体现着思想和行为上的约束。"自见"是指基于自身利益的见解和观念，其核心是自我。这种行为是自私的，不考虑别人的感受。因此，有自知之明的人不会执着于自己的见解，知道如何尊重他人。

"自爱"来源于自知，它不仅仅是爱惜自己的身体名誉等，还代表着一个人对良知的认同和热爱。良知，就代表着尊重和约束，如果一个人只爱自己，他就没有做到自爱。只有做到爱己及人，这才是真正的自爱。"自贵"说的是自以为是的态度，认为自己有价值，从而盛气凌人否定一切。在老子看来，圣人都有自知之明，他们不仅爱自己，也爱百姓。一个高明的统治者，绝不会居高位而炫耀自己。一个骄奢淫逸的国君，注定会被人民所唾弃。

【原文】

帛书甲本

□□□畏畏①，则大□□□矣。

毋闸其所居，毋猒其所生。夫唯弗猒，是□□□
□□□□□□□□□□□□而不自贵也。故去被取此。

帛书乙本

民之不畏畏，则大畏②将至矣。

毋伸③其所居，毋猒④其所生。夫唯弗猒，是以不猒。
是以耶人自知⑤而不自见⑥也，自爱而不自贵⑦也。故去
罢而取此。

河上公本

民不畏威，大威至矣。

无狭其所居，无厌其所生。夫惟不厌，是以不厌。

---

① 畏畏：害怕统治者的威吓。
② 大畏：形容人民的反抗声势浩大。
③ 毋伸：没有逼迫。伸，同"狭"，狭迫，逼迫。
④ 毋猒：没有阻塞。猒，同"压"，压迫，阻塞。
⑤ 自知：自知之明。
⑥ 自见：自我表现。
⑦ 贵：高贵。

是以圣人自知不自见；自爱不自贵。故去彼取此。

王弼注本

民不畏威，则大威至。

无狎其所居，无厌其所生。夫唯不厌，是以不厌。

是以圣人自知不自见，自爱不自贵。故去彼取此。

【译文】

如果百姓不害怕威吓，那么更大的祸乱就要到了。

不要逼迫百姓不得安居，不要阻塞他们的谋生之路。只有不压迫百姓，百姓才不会厌恶统治者。

因此，圣人有自知之明而不自我表现，懂得自爱而不自显高贵。所以要舍去自见、自贵，而保留自知、自爱。

第七十三章

（帛书本第七十五章）

【题解】

这一章，老子以具体事例阐述了柔弱胜刚强的道理，体现了天道自然的特点。

在文章开头，老子就点出了敢与不敢的不同后果，"勇于敢则杀，勇于不敢则活"。逞强好勇的人，容易招来杀身之祸。不敢冒险，软弱退缩之人，能够保全自己的性命。在这里，老子通过两种截然相反的后果，指出世人的行为应选取"慈柔"，不应该"逞强"。这段论述再次体现了老子主张柔弱、谦下的思想，强调不争之德的重要性。

接下来，老子阐释了天之道。"天之道"也就是自然之道，是宇宙万物生存发展的规律。"不争而善胜，不言而善应，不召而自来，繟然而善谋"。文中的"不争""不言""不召""繟然"是柔弱处下的标志；而"善胜""善应""自来""善谋"体现了大道的功用。老子通过这四组相反的词语，生动体现了大道自然无为的特点。

在老子看来，天之道是柔弱不争的，人类的行为就应遵循这种规律，不可逞强斗狠，肆意妄为。在军事方面，老子一再主张"不战而善胜"，要懂得谋划策略，反对"有为"。在文章的最后，老子为我们留下了千古名言："天网恢恢，疏而不失"。大道宽厚而威严，一切都在它的掌握之中。世人只能顺应道的原则，一旦背离就会带来灾祸。这句至理名言，既是警醒也是希望，但愿每一个人都能尊崇自然，拥有一条正确的人生之路。

【原文】

帛书甲本

勇于敢者□□□于不敢者则栝□。□□□□□□□□□□□□□□□□□□□□□□□□不言而善应，不召而自来，

弹而善谋。□□□□□□□□

帛书乙本

勇于敢①则杀，勇于不敢②则栝。□两者或利或害③，天之所亚④，孰知其故？

天之道，不单而善朕，不言而善应⑤，弗召而自来，单而善谋。

天冈祍祍，疏⑥而不失⑦。

河上公本

勇于敢则杀，勇于不敢则活。此两者，或利或害。天之所恶，孰知其故？是以圣人犹难之⑧。

天之道，不争而善胜，不言而善应，不召而自来，繟

---

① 敢：进取。
② 不敢：软弱，不轻易冒险。
③ 或利或害：有的获得了好处，有的得到了坏处。
④ 亚：同"恶"，厌恶。
⑤ 善应：善于响应。
⑥ 疏：稀疏。
⑦ 失：遗漏。
⑧ 是以圣人犹难之：这句话在六十三章中也有出现。

然①而善谋。

天网恢恢②，疎而不失。

王弼注本

勇于敢则杀，勇于不敢则活。此两者或利或害，天之所恶，孰知其故？是以圣人犹难之。

天之道，不争而善胜，不言而善应，不召而自来，繟然而善谋。

天网恢恢，疏而不失。

【译文】

勇于进取的人会招来杀身之祸，勇于退缩的人则会保全性命。这两者，一个有利，一个有害。上天所厌恶的，谁知道是什么原因呢？所以圣人总是把事情看得很难。

大自然的规律，不争斗而能够取胜，不说话就能够回应，不用召唤而自己到来，迟缓而善于谋划。

天网宽广无边，虽然稀疏却不会有任何的遗漏。

---

① 繟然：行动缓慢的样子。
② 恢恢：宽广无边。

第七十四章

（帛书本第七十六章）

【题解】

在这一章，主要表达了老子对统治者滥用杀戮政策的谴责，体现了得道之人对生命的重视和以人为本的理念。

"民不畏死，奈何以死惧之"？作为文章的首句，老子开篇指出杀戮政策是无效的，是不应该实行的。百姓为什么会不惧死亡呢？这是统治者实施暴政的结果。在严刑酷法的折磨下，百姓没有活路。在这种情况下，再用死亡相要挟已没有多大的意义。民众的反抗会随着统治者的暴虐不断升级，最终揭竿而起，以死抗争。历史上，官逼民反，民不得不反的事例比比皆是，给执政者以深刻的启示。

接下来，为了解决危机，能让百姓安分守己，老子指出了办法。"若使民常畏死，而为奇者吾得执而杀之，孰敢？"如果统治者能够以百姓为重，在天下实行无为清净之道，令百姓安居乐业，民众自然会珍惜现在的生活。另外，对于那些奸佞邪恶之徒，执政者能够及时彻底地铲除，百姓更是拥护赞成。在这种情况下，又有谁会以死相抗呢？在此处，老子通过暴政和德政的对比，增强了批评和谴责的力量。

在老子看来，奉行杀戮政策是违背天道的。上天赐给每个人生命，必定会安排相应的道路，人的生死是顺其自然的。人生在世，理应享受天赋的寿命。然而，在现实之中，"常有司杀者杀。夫代司杀者杀，是谓代大匠斫。夫代大匠斫者，希有不伤其手矣"。文中的"司杀者"引申为天道，具有最终生杀的权力。然而统治者热衷于屠戮，代替上天主宰杀人，这是违反大道的。尤其是那些本属于"司杀者杀"的人，在青壮年时便已惨死，严重地打乱了社会秩序。大道慈悲宽厚，珍视生命。任意屠杀百姓，就是魔鬼行径，必然会受到上天的惩罚。

【原文】

帛书甲本

□□□□□□□奈何以杀愳①之也？若民恒是死，则而为者吾将得而杀之，夫孰敢矣。若民□□必畏死，则恒有司杀者②。夫伐司杀者杀，是伐大匠③斫④也。夫伐大匠斫者，则□不伤其手矣。

帛书乙本

---

① 愳：同"惧"，恐吓。
② 司杀者：负责行刑的人，引申为天道。
③ 大匠：高明的匠人。
④ 斫（zhuó）：用斧子砍。

若民恒且畏不畏死,若何以杀惧之也?使民恒且畏死,而为畸①者□得而杀之,夫孰敢矣。若民恒且必畏死,则恒又司杀者。夫代司杀者杀,是代大匠斫。夫代大匠斫,则希不伤其手。

河上公本

民不畏死,奈何以死惧之?若使民常畏死,而为奇者,吾得执②而杀之,孰敢?

常有司杀者,夫代司杀者,是谓代大匠斫,夫代大匠斫者,希有不伤手矣。

王弼注本

民不畏死,奈何以死惧之?若使民常畏死,而为奇者吾得执而杀之,孰敢?

常有司杀者杀。夫代司杀者杀,是谓代大匠斫。夫代大匠斫者,希有不伤其手矣。

【译文】

人民不害怕死亡,为什么还用死来恐吓他们呢?如果想让人民害怕死亡,对于那些邪恶的人,我就应该把他们抓起来都杀掉,谁

---

① 为畸:做出邪恶的行为。
② 执:扣留。

还敢继续作恶？

应当让专门负责行刑的人去负责杀人。代替专门负责行刑的人去杀人，就好像代替木匠去砍树。代替木匠去砍树的人，很少有人不会伤到自己的手指。

第七十五章

（帛书本第七十七章）

【题解】

在这一章，老子继续对统治者提出了批评，揭示了统治者食税多与民饥、有为与民难治、求生厚与民轻死的因果关系，从而指出造成尖锐社会矛盾的根本原因。在老子看来，淡泊名利、清静无为的人比横征暴敛、骄奢淫逸的统治者要高明得多。统治者只有恬淡无欲，清静无为，才能消除社会上的贫困和动乱。

"民之饥，以其上食税之多，是以饥"。这句话直接说出了民众忍饥挨饿的原因：统治者征收太多的赋税，百姓不堪重负，因此忍饥挨饿。在吃不饱穿不暖的情况下，民众为了活命，自然要揭竿而起。

"民之难治，以其上之有为，是以难治"。其实，作为百姓来讲，都希望生活安乐，丰衣足食，没有哪个人生下来就去造反，不服管教。所以，造成"民之难治"的原因，就是统治者的"有为"，即苛捐杂税过多，肆意妄为。这样一来，社会就很难达到和谐的状态。人民生活一旦不安定，国家的秩序、统治者的地位就要受到威胁。老子剖析"民之难治"的情况，为统治者敲响了警钟。

"民之轻死，以其求生之厚，是以轻死"。这是老子对民众心理正确的分析。没有人不爱惜自己的生命，没有人喜欢遇事以死相拼。然而由于统治者过于追求物质上的享受，占用了大量财富和资源。这样一来，百姓缺衣少食，甚至连基本的温饱都难以保证。为了活着，他们只能铤而走险。

在"夫唯无以生为者，是贤于贵生"中，"无以生为"是对"求生之厚"和"有为"的否定，老子正是通过这种否定来说明一个贤明的统治者所应具备的品质和应有的作为。只有不厚养自己的生命而又有所作为的人，才比珍惜自己生命的人更为高明。

纵观全文，老子对下层民众给予了无限同情，对统治者的横征暴敛进行了揭露。针对"民饥""民不治""民轻死"的原因向统治者提出自己的忠告，并向统治者发出"无以生为"不要"贵生"的主张。

【原文】

帛书甲本

人之饥也，以其取食说①之多也，是以饥。

---

① 食说：消耗百姓的赋税。说，同"税"。

百姓之不治^①也，以其上^②有以为^③□，是以不治。

民之巠死^④，以其求生之厚^⑤也，是以巠死。

夫唯无以生为^⑥者，是贤^⑦贵生^⑧。

帛书乙本

人之饥也，以其取食赋^⑨之多，是以饥。

百姓之不治也，以其上之有以为也，□以不治。

民之轻死也，以其求生之厚也，是以轻死。夫唯无以生为者，是贤贵生。

河上公本

民之饥，以其上食税之多，是以饥。

民之难治，以其上有为，是以难治。

民之轻死，以其求生之厚，是以轻死。

夫唯无以生为者，是贤于贵生。

---

① 治：治理。
② 上：统治者。
③ 有以为：肆意妄为。
④ 巠死：轻死，不在意自己的性命。
⑤ 求生之厚：过分追求生活的享受。厚，过分。
⑥ 无以生为：不要使生活上的奉养过于丰厚。
⑦ 贤：胜过，超过。
⑧ 贵生：厚待生命。
⑨ 赋：同"税"。

王弼注本

民之饥,以其上食税之多,是以饥。

民之难治,以其上之有为,是以难治。

民之轻死,以其求生之厚,是以轻死。

夫唯无以生为者,是贤于贵生。

【译文】

人民之所以陷入饥荒,是因为统治者消耗了太多的赋税,所以人民才陷于饥饿。

人民之所以不好治理,是由于统治者政令繁多、肆意妄为,所以人民才不好治理。

人民之所以把死亡看得很轻,是因为统治者对自己的奉养太过丰厚,所以人民才把死亡看得很轻。

只有不去追求生活享受的人,才比特别看重自己生命的人高明。

第七十六章

(帛书本第七十八章)

【题解】

这一章,老子通过具体的实例阐述了"柔弱胜刚强"的道理,体现贵柔戒刚的思想。

"人之生也柔弱，其死也坚强。万物草木之生也柔脆，其死也枯槁"。在文章开头，老子就以人和草木为例，说明事物生存的时候是柔弱的状态，而死亡的时候是坚硬的状态。

接下来，老子通过万物由生到死变化的过程做出了总结。"故坚强者死之徒，柔弱者生之徒"。坚强的东西属于死亡的一类，柔弱的东西属于具有生命力的一类。这是老子通过对物质世界的观察而得出的规律。生存着的东西都处于柔弱状态，如活人的身体、草木生长时的枝条；而死亡的东西都呈坚硬状态，如死人的躯体、干枯的草木等。由此可见，坚强的物体已失去了生机，柔弱的物体则充满生机。

通过上述的实例与分析，老子断言，"兵强则不胜，木强则兵"，这是老子从事物外在的表现来进行阐述。坚强的东西之所以容易遭受死亡，是因为它显露突出，故当外力冲击时便难逃厄运了，就像高大的树木容易遭受砍伐。人的才能过于外露，也会遭到嫉妒与打击。老子从自然的灾祸引申到人为的祸患，再一次强调了贵柔戒刚的思想。

【原文】

帛书甲本

人之生也柔弱①，其死也䆣仞贤强②。万物草木之生也柔

---

① 柔弱：柔软的肢体。
② 贤强：人死了以后身体变得僵硬。贤，同"坚"。

脆①，其死也枯薨②。故曰：坚强者死之徒③也，柔弱微细生之徒④也。

兵强则不胜，木强则恒。强大居下，柔弱微细居上。

帛书乙本

人之生也柔弱，其死也䐃信①坚强。万□□木之生也柔椊，其死也枯槁。故曰：坚强死之徒也，柔弱生之徒也。

□以兵强则不朕，木强则竞。故强大居下，柔弱居上。

河上公本

人之生也柔弱，其死也坚强。万物草木之生也柔脆，其死也枯槁。故坚强者死之徒，柔弱者生之徒。

是以兵强则不胜，木强则共。强大处下，柔弱处上。

王弼注本

人之生也柔弱，其死也坚强。万物草木之生也柔脆，其死也枯槁。故坚强者死之徒，柔弱者生之徒。

---

① 柔脆：柔软，脆弱。
② 枯薨：同"枯槁"，形容草木干枯的样子。
③ 死之徒：死亡的一类。徒，类型。
④ 生之徒：生存的一类。
① 䐃信：通常认为。䐃，通常，一般。

是以兵强则不胜，木强则兵。强大处下，柔弱处上。

【译文】

　　人活着时身体是柔软的，死了之后身体就会变得僵硬；草木有生命时是柔软、脆弱的，死了以后就干枯破败了。所以坚硬的东西属于死亡的一类，柔弱的东西属于生存的一类。

　　因此，军队逞强就会招致灭亡，树木长大就会遭到砍伐。凡是强大者，总是处于劣势。凡是柔弱者，反而处于优势。

第七十七章

（帛书本第七十九章）

【题解】

　　在这一章，老子将天之道和人之道进行对比，揭示出社会贫富不均的原因，并对圣人的做法予以高度的赞扬。

　　在文章开头，老子将天道比作拉弓射箭。目标高了，弓弦即低些；目标低了，弓弦就高些。拉得太满就松弛一点，拉得不够就再用力一些。这样的比喻，意在表明大道始终保持着中和的状态，即"天之道，损有余而补不足"。老子以对立统一的思维方式，总结出自然界的这一规律。客观世界中的一切现象，既相互对立，又相互统一。例如昼夜的交替、四季的变化。这种状态不需要从外部施加动力，也不是人为能够形成的，而是自然而然、通过自身运动就能体现出的和谐与均衡。

然而人类社会则恰恰相反，"人之道则不然，损不足以奉有余"。世上之人多以减少不足来补充有余的，这是极不公平、极不合理的。人世间到处可见这种"损不足以奉有余"的情形，老子对此深恶痛绝。"人之道"与"天之道"始终背道而驰。老子在此以天道衬出人道的不公。可以看出，老子是一位关心百姓疾苦的伟大思想家。他渴望人世间的平等、公平，反对人压迫人、人剥削人的不合理的社会制度。

面对"人之道"的现实，得道的圣人又是怎样做的呢？"是以圣人为而不恃，功成而不处，其不欲见贤"。当自己成功时，他们不会自恃有功，恣情炫耀。当自己有余时，会把多余的东西献给那些欠缺的人。然而最主要的是，圣人不显露自己的贤德。凡事默默去做，不张扬，不显示。这种境界，是看淡名利得失的自然反应，是超然物外的绝顶智慧。古往今来，有多少高人做事做人都极为低调。这些得道之人，内心非常强大，对于自己的优点和不足有着清醒的认识。此处，老子对圣人的赞叹体现一种殷切的希望。人生在世，要常怀善念，在默默奉献中实现自身的价值。

【原文】

帛书甲本

天下□□□□□者也。高者印①之，下者举之；有余

---

① 印：同"抑"，向下。

者①敚②之，不足者补③之。

故天之道，敚有□□□□□□□□□不然，敚□□□奉有余。

孰能有余而有以取奉于天者乎？□□□□

□□□□□□□□□□□□□□□□□□□见贤也。

帛书乙本

天之道④，酉⑤张弓也。高者印之，下者举之；有余者云之，不足者□□

□□□□云有余而益不足。人之道⑥，云不足而奉又余。

夫孰能又余而□□□奉于天者？唯又道者乎。

是以耵⑦人为而弗又，成功而弗居也，若此其不欲见贤也。

河上公本

天之道，其犹张弓与？高者抑之，下者举之；有余者损之，不足者益之。

---

① 余者：过满，多余。
② 敚：同"损"，减少，降低。
③ 补：增加力量。
④ 天之道：大自然的规律。
⑤ 酉：同"犹"，好像。
⑥ 人之道：人类社会的行为准则。
⑦ 耵：同"圣"。

天之道，损有余而补不足。人之道则不然，损不足以奉有余。

孰能有余以奉天下？唯有道者。

是以圣人为而不恃，功成而不处，其不欲见贤。①

王弼注本

天之道，其犹张弓与！高者抑之，下者举之；有余者损之，不足者补之。

天之道，损有余而补不足。人之道则不然，损不足以奉有余。

孰能有余以奉天下？唯有道者。

是以圣人为而不恃，功成而不处，其不欲见贤。

【译文】

自然的规律，不就像张弓射箭的样子吗？目标高了就把弓弦压得低些，目标低了就抬高一些；弓弦拉得太满就把它放松一些，拉得不够就再用力一些。

自然的规律，是减少多余的来补足欠缺的；可人类社会的法则不是这样，要减少不足来供给多余的。

谁能够将自己多余的拿来供给天下不足的呢？只有得道的圣人才能够做到。

---

① 是以圣人为而不恃，功成而不处，其不欲见贤：此句与前文不符，且前两句在第二章中也有出现。

因此，圣人有所作为而不居功自傲，有所成就也不自居有功。他们是不愿意展现自己的贤能。

第七十八章
（帛书本第八十章）

【题解】

老子在本章继续论述"柔弱胜刚强"的道理，并以水为例，阐释了"守柔居下"的智慧。

在《道德经》中，老子对水的德行予以称赞。"水善利万物而不争""天下莫柔弱于水，而攻坚强者莫之能胜"。水的这些特点都反映着大道的属性。水之德，是老子哲学思想的一个重要方面。柔能克刚，可以说是自然界的一条法理。与此同时，水也有威严的一面。这一切都说明水也是善恶兼之，柔刚并存。老子看问题总是从正反两个角度观察，从水之柔和水之威的两重性引申到社会政治层面，统治者高高在上、威风凛凛，但作为君主必须能承担治国的"罪""咎"即"受国之诟""受国之不祥"。地位好像最低下，实际上却可以牢固地保持统治地位。

实际上，"弱之胜强，柔之胜刚"的道理世人都是知晓的。但落实到行动上，却不尽如人意。"天下莫不知，莫能行"。老子的眼光是锐利的，明白了解与身体力行是两回事。对于人的这种传统行为定式，老子持否定的态度，人们必须在行动中去践行真理，否则一切都是空谈。

在文章最后，老子提出"正言若反"，这是他从矛盾统一的事物中总结出的普遍原则。老子身处动乱纷争的年代，所见所闻都是逞强斗胜、争权夺势，因此他希望执政者能具备水一样的德性，不仅要尚柔、居下，而且能受诟、受不祥，这样才能有国、有天下。

【原文】

帛书甲本

天下莫柔□□□□□坚强者莫之能□也，以其无□易□□□□□□胜强，天□□□□□□□行也。

故圣人之言云，曰：受邦之垢①，是胃社稷②之主；受邦之不祥③，是胃天下之王。□□若反。

帛书乙本

天下莫柔弱于水，□□□□□□□□□，以其无以易④之也。

---

① 受邦之垢：承受全国的屈辱。垢，屈辱。
② 社稷（jì）：社，是土神。稷，是谷神。古代君王都祭祀社稷。后来用社稷来代表国家。
③ 受邦之不祥：承受全国的祸灾。不祥，灾祸。
④ 易：代替。

水之胜①刚也，弱之胜强也，天下莫弗知②也，而□□□也。

是故耵人之言云，曰：受邦之垢，是胃社稷之主；受国之不祥，是胃天下之王。正言若反③。

河上公本

天下柔弱莫过于水，而攻坚强者莫之能胜。其无以易之。
弱之胜强，柔之胜刚，天下莫不知莫能行。
故圣人云：受国之垢，是谓社稷主；受国之不祥，是谓天下王。正言若反。

王弼注本

天下莫柔弱于水，而攻坚强者莫之能胜，其无以易之。
弱之胜强，柔之胜刚，天下莫不知，莫能行。
是以圣人云：受国之垢，是谓社稷主；受国不祥，是为天下王。正言若反。

【译文】

普天之下没有什么比水更加柔弱了，但攻坚克强的能力没有谁

---

① 胜：同"胜"，战胜，超越。
② 莫弗知：没有人不知道。
③ 正言若反：正面的话好像反话一样。

能胜过它，因为它的本质是无法改变的。

弱小能够胜过强大，柔弱能胜过刚强，天下没有人不知道，却没有人能够实行。

因此圣人说："承受全国的屈辱，才能成为一国的君主；承受全国的祸灾，才能成为天下的君王。"正面的话好像反话一样。

第七十九章

（帛书本第八十一章）

【题解】

在这一章，老子以"契"为例，警告执政者不要对百姓横征暴敛，并指出了化解社会矛盾的办法。

"和大怨，必有余怨"。作为一国之君，不要与民结怨、要与民为善。用税赋来剥削百姓，用刑法来压迫百姓，都严重地结怨于民。当百姓对执政者产生怨恨的时候，自然是不会服从的，社会秩序、国家根基都会动摇。那么应该怎么办呢？最理想的办法就应该是"执左契，而不责于人"，即以宽容的态度对待百姓，不要追迫百姓，不要干扰百姓，而要以"德"去感化人民，因为这是符合天道的，可以获得天道辅佐。如果"无德司彻"，像收税人那样对百姓一味苛求索取，那么百姓对上就会生"大怨"。统治者能做到对百姓"仁慈""报怨以德"，才会得到百姓的拥护。

文章最后说:"天道无亲,常与善人"。这句话强调的还是顺应自然,无为而治。天道对于任何事物来说,都是无亲无疏的,但是它喜欢和善良的人站在一起。"善人"是道德的主体,他与道同在。这份回报与眷顾,正是大道的特性促成的。同化道的人才是真正强大的人。在这句话中,换言之,那些刻薄寡义之人必然会受到天道的责罚,这就为无德的统治者敲响了警钟。

【原文】

帛书甲本

和①大怨②,必有余怨,焉可以为善?

是以圣右介③,而不以责④于人。故有德司介⑤□德司彻⑥。

夫天道无亲⑦,恒与⑧善人。

---

① 和:调节,和解。
② 大怨:深重的仇怨。
③ 右介:右契,借据的左半边。在中国古代,契约常被分作两半,左边的一半由债权人保留。
④ 责:索取债务。
⑤ 司介:司契,掌管契据的人。司,掌管。
⑥ 司彻:掌管税收的人。彻,同"彻",周朝的税收制度。
⑦ 无亲:没有偏爱,不讲私情。
⑧ 与:帮助,给予。

帛书乙本

禾大□□□□□□□□为善？

是以圣人执左芥，而不以责于人。故又德司芥，无德司勶。

□□□□□□□□

河上公本

和大怨，必有余怨，安可以为善？

是以圣人执左契，而不责于人。有德司契，无德司彻。

天道无亲，常与善人。

王弼注本

和大怨，必有余怨，安可以为善？

是以圣人执左契，而不责于人。

有德司契，无德司彻。天道无亲，常与善人。

【译文】

调和深重的怨恨，必然会留下后患，怎么能算是妥善的解决方式呢？

因此，圣人虽然保存着借据的存根，但不会逼迫欠债人偿还。有德之人就像持有借据的圣人一样宽容大度，无德之人就像掌管税收的人一样狡诈刻薄。

上天不会对任何人存有偏爱，但永远会帮助有德行的善良之人。

第八十章

（帛书本第六十七章）

【题解】

在这一章，老子描绘了一幅心中理想的农村生活画面，体现出清净无为的思想在现实中的运用，并以此告诫世人要保持心中的纯净无私。

"小国寡民"，是老子心目中理想的社会。国家小，百姓少，"使有什伯之器而不用，使民重死而不远徙。虽有舟舆，无所乘之；虽有甲兵，无所陈之；使人复结绳而用之"。在这样的国度里，不会发生战争，人民生活安定，民风淳朴善良。"甘其食，美其服，安其居，乐其俗"，这一连串的排比，描绘出人们怡然自得，知足常足的快乐。无论是饮食、服装、居所还是本地的习俗，百姓都觉得自己拥有的是最好的。这里的甘、美、安、乐并不是形容物质的丰富与华美，而是使动用法，体现人们心灵上的满足。老人认为，人真正的富足就是知道满足，而小国寡民的生活就是最好的诠释。

在文章最后，老子又写出了"小国"里百姓的生活和交往情况，"邻国相望，鸡犬之声相闻，民至老死，不相往来"。为什么离得如此之近，人们却不相互往来呢？这看似不合常理的行为，体现了老子对民众"多智"的反对。在老子看来，人们交往太多，就会让心机增多，进而滋生狡诈贪婪，造成社会动乱。彼此不相往来、各守田园，就从根本上杜绝了这一点。

老子写的小国寡民，是有深意的。一个得道高人眼中的小和寡，绝不是平常百姓认为的那样简单。得道、修道是老子最大的希望。在小国寡民中，人们恬淡淳朴，远离纷争，思想行为同化大道。人世中所谓的富有四海、文治武功、名垂青史都是不长久的。平淡朴素的环境，能让修道人远离诱惑和苦恼，保持道心的清净，才是最重要的。

老子的论述对执政者来说，也是善意的提醒。一国之君，不要执着疆域有多大，百姓有多少。这种欲望和野心，会让百姓蒙受战争的灾难。小和寡代表着欲望的削弱，人没有了私欲，一切争端都会结束。能够心系百姓的国君，必定会得到大道的护佑。老子笔下的小国寡民，不是空谈和幻想，而是借此来强调清净无欲的行为。不管你是谁，都不要执着物质上的丰富，摒除私欲妄为，同化大道才是一个生命最值得付出的。

【原文】

帛书甲本

小邦寡民，使十百人之器毋用，使民重死而远徙。有车周无所乘之，有甲兵无所陈□□□□□□□用之。

甘其食，美其服，乐其俗，安其居，邻邦相望，鸡狗之声相闻，民至□□□□□□

帛书乙本

小国寡民①，使②有十百人器③而勿用，使民重死④而远徙⑤。有周车无所乘之，有甲兵⑥无所陈⑦之，使民复结绳⑧而用之。

甘其食⑨，美其服⑩，乐其俗⑪，安其居⑫，叟⑬国相望，鸡犬之□□闻，民至老死不相往来。

河上公本

小国寡民，使有什伯人之器而不用，使民重死而不远徙。虽有舟舆⑭，无所乘之，虽有甲兵，无所陈之。使民复

---

① 小国寡民：使国家变小，使百姓减少。
② 使：即使，即便。
③ 十百人器：功效超过人力十倍百倍的各种器具。十百人，十倍、百倍人力。
④ 重死：看重自己的生命。
⑤ 远徙：往偏远处移居。
⑥ 甲兵：铠甲、刀剑等武器装备。
⑦ 陈：同"阵"，列阵，打仗。
⑧ 结绳：在文字产生之前，人们用绳子打结来记录事情。
⑨ 甘其食：使百姓对自己的食物感到香甜。
⑩ 美其服：对所穿的衣服感到漂亮。
⑪ 乐其俗：对本地的习俗感到满意。
⑫ 安其居：对自己的居所感到安适。
⑬ 叟：同"邻"。
⑭ 舆：车子。

结绳而用之。

甘其食，美其服，安其居，乐其俗。邻国相望，鸡狗之声相闻，民至老不相往来。

王弼注本

小国寡民，使有什伯之器而不用，使民重死而不远徙。虽有舟舆，无所乘之；虽有甲兵，无所陈之；使人复结绳而用之。

甘其食，美其服，安其居，乐其俗，邻国相望，鸡犬之声相闻，民至老死，不相往来。

【译文】

使国家变得小一些，使百姓变得少一些。即便有功效十倍、百倍于人的器具也不使用，要让百姓重视自己的生命而不移居远方。虽然有船只和车辆，也没有必要去乘坐；尽管有足够的武器装备，也没有必要去布阵打仗。使百姓的生活回到结绳记事的远古时代。

让百姓觉得自己的食物很香甜，感觉所穿的衣服很漂亮，对自己的居所觉得安适，对本地的习俗感到满意。国与国之间互相看得见，鸡犬的叫声都能够听得见，百姓直到老死，都不相互往来。

第八十一章

（帛书本第六十八章）

【题解】

本章将天道、人道、治国、修身联系在一起，再次论述了"利而不害，为而不争"的道理。

本章开篇，老子便以一系列精练的话语，阐述自己的辩证思想。"信言不美，美言不信。善者不辩，辩者不善。知者不博，博者不知"。这段话，从表面上看是列举了信与美、善与辩、知与博三组事物。实际上，这是对真假、美丑、善恶的评价。在现实中，事物的外在形态与内在本质往往是不一致的，甚至是相反的。正因为人们往往看重表象，因此老子才以这种方式揭示出矛盾。事物的表面现象，常常与其实际内容不一致，这就是朴素的辩证法思想。

接下来，老子对圣人的做法予以高度赞扬。老子用相反相成的规律，提出"圣人不积"的好处。"既以为人，己愈有；既以与人，己愈多"，这就把"有"与"无"、"多"与"少"的相反相成的道理，讲得全面而深刻。在行事准则方面，老子提出"循天之道"，然后由天之道来论证圣人之道，最终得出"天之道，利而不害；圣人之道，为而不争"。天道无私，它利于万物却从不伤害他们。得道的圣人自然是顺天道而行，只为他人服务，不和他人争利。天道与人道是浑然一体，不可分割的。这是全章的概括，也是对《道德经》的总结。

【原文】

帛书甲本

□□□□□不□□者不博□者不知。善□□□□者不善。圣人无积□以为□□□□□□□□□□□□□□□□□□□□□□□□□□

帛书乙本

信言①不美，美言②不信③。

知者④不博⑤，博者不知。

善者⑥不多，多者不善。

---

① 信言：诚实可靠的话。
② 美言：漂亮动听的话。
③ 不信：不实在，不可靠。
④ 知者：有真知的人。
⑤ 博：广博，丰富。
⑥ 善者：心地善良的人。

圣人无积①，既以为人②，己俞③有；既以予人④矣，己俞多。

故天之道，利而不害⑤；人之道，为而弗争⑥。

河上公本

信言不美，美言不信。

善者不辩，辩者⑦不善。

知者不博，博者不知。

圣人不积，既以为人己愈有，既以与人己愈多。

天之道，利而不害；圣人之道，为而不争。

王弼注本

信言不美，美言不信。

善者不辩，辩者不善。

知者不博，博者不知。

圣人不积，既以为人，己愈有；既以与人，己愈多。

---

① 圣人无积：得道之人不会积攒财物。
② 既以为人：用自己的一切来帮助别人。
③ 俞：同"愈"，更加。
④ 既以予人：把自己的一切都献给别人。
⑤ 利而不害：让万物得到好处而不伤害它们。
⑥ 为而弗争：一心帮助却从不与人争抢。
⑦ 辩者：说长论短、花言巧语之人。

天之道，利而不害；圣人之道，为而不争。

【译文】

诚实可信的言语不好听，好听的话不可信。

忠厚善良的人不会花言巧语，花言巧语之人不善良。

真正有知识的人不会炫耀自己，炫耀自己渊博的人未必真有知识。

圣人从不积攒财物，只是尽量帮助别人，自己反而更加富有；他给予别人，自己则越来越丰富。

上天的法则，是让万物都得到好处而不加伤害；圣人的法则，是一心帮助他人却从不去争抢。

道经

第一章

【题解】

本章是全书的总领。开篇明义,提出了一些重要的哲学概念,即"道""名""无""有"等。而"道"是贯穿全书的灵魂。在老子看来,道是宇宙的本原及万物运行的规律。在天地未生成之前就已经存在,当天地生成以后,道就在万物中发挥着作用。道是客观存在的,但又看不见摸不到。正因为如此,老子才说道是不可言说的。

文章两次提到"无"和"有"。"无,名天地之始;有,名万物之母"中,"无"和"有"不能简单地理解为没有和有。"无"是天地万物的起源,是天地还没有形成之前的混沌状态。"有"是万物的母体,是万物拥有形体之后的初始状态。"故常无欲,以观其妙;常有欲,以观其徼"。常有和常无都是一种永恒的状态。我们可以通过常无,体悟天地初生时的玄妙,通过包容一切的常有,寻找万物未产生前的踪迹。

在文章的最后,老子指出:"此两者同出而异名,同谓之玄,玄之又玄,众妙之门。""此两者"即"无"和"有",它们是万物的起源和母体,名称虽然不一样,但都源于一处,是世间一切奥妙的由来。

【原文】

帛书甲本

道①，可道②也，非恒道③也。名，可名也④，非恒名也。
无⑤名，万物之始也；有⑥名，万物之母⑦也。
□恒无欲也，以观其眇⑧；恒有欲也，以观其所噭⑨。
两者同出⑩，异名同胃，玄⑪之又玄，众眇之□。

帛书乙本

道，可道也□□□□□□□□□恒名也。
无名，万物之始也；有名，万物之母也。

---

① 道：做名词用，是指宇宙的本原，引申为万事万物的根本、规律等。
② 道：做动词用，说出来，清晰地表述出来。
③ 非恒道：非，不是。恒，后避讳汉文帝刘恒，改为"常"，恒久不变的大道。
④ 名，可名也：第一个"名"做名词用，指大道呈现出的形态。第二个"名"做动词用，命名、描述的意思。
⑤ 无：天地万物在形成之前的混沌状态。
⑥ 有：万物拥有形体时的初始状态。
⑦ 母：根本，本原。
⑧ 眇：精妙，微妙。
⑨ 噭（jiào）：原意是指边际、边界，文中是踪迹、头绪的意思。
⑩ 同出：（无和有）都出自道。
⑪ 玄：深奥，不容易理解。

故恒无欲也□□□□恒又欲也，以观其所噭。

两者同出，异名同胃，玄之又玄，众眇之门①。

河上公本

道可道，非常道。名可名，非常名。

无名，天地之始；有名，万物之母。

故常无欲，以观其妙；常有欲，以观其徼。

此两者同出而异名，同谓之玄，玄之又玄，众妙之门。

王弼注本

道，可道，非常道。名，可名，非常名。

无名，天地之始；有名，万物之母。

故常无欲，以观其妙；常有欲，以观其徼。

此两者同出而异名，同谓之玄，玄之又玄，众妙之门。

【译文】

如果能用语言将"道"说清楚，那它就不是恒久不变的"道"；如果能用言辞说出来的"名"，也不是恒久不变的"名"。

"无"是天地未成形时的状态；而"有"则是宇宙万物的根源。

所以要经常用"无"的状态，去体会天地的奥妙；要经常从"有"的角度，去找寻万物的踪迹。

---

① 众眇之门：所有奥妙变化都由此而出的总门。

虚无和实有的来源是相同的，只不过称谓不同，它们都可以称得上深奥玄妙。它们不是一般的深奥、玄妙，而是深奥又深奥、玄妙又玄妙，是天地万物间所有奥妙的总门。

第二章

【题解】

在这一章，老子阐述了自己的辩证思想。他认为世间的万事万物都存在着对立的两个方面，它们存在于日常生活中，互相依存，并能在一定条件下相互转化。美的可以变成丑的，好的也可以变成坏的。可以说，事物的对立关系就是其本身存在的前提。然而在现实生活中，这些对立的事物能做到和谐统一，进而形成丰富多彩的世界。"有无相生，难易相成，长短相形，高下相倾，音声相和，前后相随"，其实这种变化就是大道运行的本质，也是事物发展的规律。

在老子看来，宇宙中的所有事物都处在运动和变化之中，人类也不例外。人与自然同样相互依赖，互相转化。宇宙间只有"道"才是永恒不变的。面对这个矛盾对立而又不断变化的世界，人们又该怎么去做呢？"是以圣人处无为之事，行不言之教"。此处的无为，不是什么也不做，是要顺应万物的本性而不去打扰，遵从万物的规律而不去妄为。无为，强调对道的敬畏与遵从，而不是凸显自我的行为。只有明白道的内涵，按照自然规律和社会发展规律来行事，才会顺天应人，才会做到"万物作焉而不辞，生而不有，为而不恃，功成而弗居"。

道是高深莫测的，它孕育了天地万物，寻常世人难以窥其一二。唯有潜心修道的圣人，才能明心见性，了解真谛。他们将自身与大道融为一体，无为处事，从而得到真正的解脱。

【原文】

帛书甲本

天下皆知美为美，恶已①；皆知善，訾②不善矣。

有无之相③生也，难易之相成也，长短之相刑④也，高下之相盈⑤也，音声⑥之相和也，先后之相隋，恒也。

是以⑦声人⑧居⑨无为⑩之事，行□□□□□□□□□也，为而弗志也，成功而弗居也。夫唯居，是以弗去⑪。

---

① 恶已：恶，丑陋的，败坏的，与美相对。已，语气词，可解释为"了"。
② 訾（zī）：语气词。
③ 相：互相，彼此。
④ 刑：同"形"，通过对比显现出来的意思。
⑤ 盈：对应；依存。
⑥ 音声：古人将合奏时发出的乐音叫作"音"，单一发出的音响叫作"声"。
⑦ 是以：因此，所以。
⑧ 声人：圣人，依道而行，超凡脱俗的人。
⑨ 居：行，做。
⑩ 无为：不加干涉，让一切顺其自然地发展。
⑪ 去：失去。

帛书乙本

天下皆知美之为美，亚已；皆知善，斯不善矣。

□□□□生也，难易之相成也，长短之相形也，高下之相盈也，音声之相和也，先后之相隋，恒也。

是以耳①人居无为之事，行不言之教。万物昔而弗始②，为而弗侍③也，成功而弗居也。夫唯弗居，是以弗去。

河上公本

天下皆知美之为美，斯恶已。皆知善之为善，斯不善已。

故有无相生，难易相成，长短相形，高下相倾，音声相和，前后相随。

是以圣人处无为之事；行不言之教。万物作焉而不辞，生而不有，为而不恃，功成而弗居。夫惟弗居，是以不去。

王弼注本

天下皆知美之为美，斯恶已；皆知善之为善，斯不善已。

---

① 耳：同"圣"。
② 弗始：弗，不。始，干涉，管理。
③ 侍：同"恃"，依赖，仰仗。

故有无相生，难易相成，长短相较，高下相倾，音声相和，前后相随。

是以圣人处无为之事，行不言之教；万物作焉而不辞，生而不有，为而不恃，功成而弗居。夫唯弗居，是以不去。

【译文】

天下人都知道美之所以美，那是因为有丑陋的存在。都知道善为什么能称为善，那是因为有恶的存在。

有和无相对而生，难和易相对依存，长和短相互比较才会形成，高和低相互对照才会有分别，音与声因对立而和谐，前与后因排列而有顺序。

因此，圣人行事的方式讲究顺其自然，用不言的方式进行教化；任由万物自然生长而不加引导，生养万物而不去占有，为万物竭尽所能而不居功自傲。正因为他不居功，他的功德也就不会失去了。

第三章

【题解】

在这一章，老子详细阐释了"无为而治"的治国方略，其具体表现包括"不尚贤"和"使民无知无欲"两个方面。

文章在开头明确指出"不尚贤，使民不争"。作为圣人，老子为什么不主张尚贤呢？其实不是表面上那么简单。在老子看来，要治理百姓，就不能让他们有争名逐利的思想，务必保持淳朴的心态。一个贤能之人脱颖而出时，上位者必定要给以名分、地位、财富。可一旦这种恩赐过了头，就会成为一种诱惑，易勾起人的欲望。当人的欲望无限膨胀时，就会为达到目的不择手段，从而导致国家动乱。在这里，老子并没有不尊重人才，而是强调把握好用贤的尺度，确保"使民不争"。

接下来，老子针对如何治民又进行了阐述。"不贵难得之货，使民不为盗；不见可欲，使民心不乱"。这两句蕴含的道理和"不尚贤，使民不争"是一样的。如果对奇珍异宝产生贪婪之心，一旦得不到，就会采取偷窃的办法。一旦见到能激起欲望的东西，人心就会纷乱。老子的这番话是在告诫执政者，要想方设法让民众守住自己的心，保持淳朴率真的本性。

在详细的论述后，老子对本章的要义进行了总结。"是以圣人之治，虚其心，实其腹，弱其志，强其骨。常使民无知无欲，使夫智者不敢为也，为无为，则无不治"。治理天下的最终目的是"无不治"，而利用的手段就是"为无为"，其具体做法就是"虚其心，实其腹，弱其志，强其骨。常使民无知无欲，使夫智者不敢为也"。在这段话中，"无知无欲"是实施的核心。此处的知和欲并不是日常知识和生理欲望，而是指奸诈的心机和非分的想法。老子并不是要民众变得愚蠢，而是要让他们摒弃心中的私心欲念，让心灵变得纯洁质朴。在老子看来，回归纯洁自然的本性才是最美好的。这样的无为而治，顺应了自然规律，天下就可以得到治理。

【原文】

帛书甲本

不上贤①□□□□□□□□□□民不为□□□□□民不乱。

是以声人之□□□□□□□□□□强其骨。□使民无知无欲也，使□□□□□□□□□□。

帛书乙本

不上贤，使民不争②。不贵③难得之货④，使民不为盗。不见可欲⑤，使民不乱⑥。

是以耴人之治也，虚其心⑦，实其腹，弱其志⑧，强其骨⑨。恒使民无知无欲⑩也，使夫知不敢，弗为⑪而已，则无

---

① 上贤：尊崇有才能的人。上，崇尚；看重。
② 争：争名夺利。
③ 贵：稀有，珍贵。文中是重视的意思。
④ 货：财物。
⑤ 可欲：可以引起欲望的东西。
⑥ 使民不乱：让百姓的内心不被名利所扰乱。
⑦ 虚其心：净化人们的心灵。虚，净化。心，人的思维、心灵。
⑧ 弱其志：削弱人们竞争的意识。弱，削弱。
⑨ 强其骨：让百姓的身体变得强壮。
⑩ 无知无欲：没有奸诈的心机，没有对名利的欲念。
⑪ 为：肆意妄为。

不治①矣。

河上公本

不尚贤，使民不争；不贵难得之货，使民不为盗。不见可欲，使心不乱。

是以圣人之治：虚其心，实其腹，弱其志，强其骨。常使民无知无欲，使夫智者不敢为也。为无为，则无不治。

王弼注本

不尚贤，使民不争。不贵难得之货，使民不为盗。不见可欲，使民心不乱。

是以圣人之治，虚其心，实其腹，弱其志，强其骨。常使民无知无欲，使夫智者不敢为也，为无为，则无不治。

【译文】

不尊崇有才能的人，就可以使百姓不争名逐利；不重视稀有的珍宝，就可以使百姓不去偷盗；不炫耀能够引起贪欲的东西，就能使民众的心思不被干扰。

因此，圣人治理天下的方法，就是净化百姓的心灵，让他

---

① 治：治理，含有天下太平之意。

们能吃饱饭,削弱思想中的竞争意识,让他们的身体变得强壮。要使人民没有奸诈的心志,没有争名夺利的欲望,让那些有计谋的人不敢肆意妄为。按照"无为"的原则去做事,就没有治理不好的地方。

第四章

【题解】

在这一章,老子具体论述了道的内涵,"道冲,而用之或不盈。渊兮,似万物之宗"。作为文章首句,老子以比喻的形式,阐释了大道虚无的特点。在老子看来,道没有具体的形象,人们看不见,摸不着,只能凭意识去感知。在此处,老子把道比作容器,极大地增强了道的形象感,利于人们理解。无边的大道在运转过程中,永远不会停息。就在这无声无息中孕育了万物的本源。

"渊兮,似万物之宗。湛兮似或存",广博的大道,是万物的开始。至于来自哪里,何时何地生成,老子也不得而知。"吾不知谁之子,象帝之先"。既然道出现在天帝之前,那么天帝也必然是因道所生。在此处,老子再一次肯定了道不可言说的特点,明确指出道是宇宙万物的本原。一个真正理解道的人,会以无为的方式处事,对自身和外物都不会去苛求。

【原文】

帛书甲本

□□□□□□盈①也。潚②呵,似万物之宗③。锉其,解其纷,和其光④,同□□□□或存,吾不知□□□子也,象帝之先⑤。

帛书乙本

道冲⑥,而用之又弗盈也。渊呵,似万物之宗。锉其兑,解其芬,和其光,同其尘。湛⑦呵似或存⑧,吾不知其谁之子也,象帝之先。

河上公本

道冲而用之,或不盈。渊乎似万物之宗。挫其锐,解其纷,和其光,同其尘。湛兮似若存。

---

① 盈:充满,引申为极致,极限。
② 潚:同"渊",深远。
③ 宗:宗主,祖先。
④ 锉其兑,解其纷,和其光:这句在五十六章中也有出现。
⑤ 帝之先:在天帝出现之前。
⑥ 冲:古字为"盅",一种盛酒的容器。在文中是空虚,无形的意思。
⑦ 湛:深沉,这里是指道不可看见的样子。
⑧ 似或存:似乎存在着。

吾不知谁之子，象帝之先。

王弼注本

道冲，而用之或不盈。渊兮，似万物之宗。挫其锐，解其纷，和其光，同其尘。湛兮似或存，吾不知谁之子，象帝之先。

【译文】

大道是空虚没有形态的，但它所起的作用是无穷无尽的。它是那么深远，好像是万物的宗主。挫去他的锐气，化解他的纷争，平和自己的光芒，混同于尘世。它虚无不见，又似乎存在着。

我不知道它是谁孕育而生的，似乎在天帝出现之前就已经存在了。

第五章

【题解】

在这一章，老子提出了"天地不仁""圣人不仁"的观点。这两句话，乍看起来令人难以接受。天地与圣人怎么会不讲仁爱，抛却众生于不顾呢？天地由大道而生，不存在人们所讲的情感取向，万物的生成和灭亡都有其各自的规律。它不会对万物施恩，也不会横加干涉。圣人遵天地之法，自然同化大道之理，管理天下百姓也是如此。所以，本文所讲的"仁"，是指没有私心，没有偏爱，代表着公正、博大、重视。老子讲无为，并不是什么也不做，而是强调顺其自然，不肆意妄为。在老子看来，圣人对待民众绝不是冷酷麻木，而是真正地为他们着想。天地和圣人对待百姓，不存在私心，都是对宇宙法则的遵守。

"刍狗"在祭祀时，具有特殊的含义，代表着世人对上天的虔诚与尊重，而祭祀过后，这种意义自然消失，它就会被人遗弃或烧掉。人们对刍狗的两种态度，都是根据其价值所做出的正确处理，不存在偏爱或厌恶。从这一点上讲，"天地不仁，以万物为刍狗；圣人不仁，以百姓为刍狗"，正是体现着大道无私公正的原则。

"橐籥"的中间是空的，充满了空气。天地之间就像一个大风箱，充满了精华之气，也是越用越多，没有穷尽。对一个人来讲，就应该像天地一样，心中空灵博大，又能够包容万物。这样，人就会体悟大道的精妙，获得自在与快乐。

"多言数穷，不如守中"，这是老子对世人的警告。一个人多说话，总是炫耀自己，就会让自己陷入困境，招致失败的结果。同时，这句话也可以理解为执政者有意作为，政令繁杂，最后导致人民的反抗。一个人应该管住自己的内心，时刻保持虚静无为的状态。

【原文】

帛书甲本

天地不仁①,以万物为刍狗②;声人不仁,以百省□□狗。天地□□□犹橐籥③与?虚而不淈④,蹱而愈⑤出。多闻数穷⑥,不若守于中⑦。

帛书乙本

天地不仁,以万物为刍狗;耵人不仁,□百姓为刍狗。天地之间,其犹橐籥与?虚而不淈,勤而愈出。多闻数穷,不若守于中。

河上公本

天地不仁,以万物为刍狗;圣人不仁,以百姓为刍狗。

---

① 仁:文中是指存有私心或偏爱。
② 刍(chú)狗:古代祭祀时用野草扎成的狗,祭祀完毕后,就将它扔掉或烧掉。
③ 橐籥(tuó yuè):古代冶炼时用的风箱。
④ 淈:同"屈",枯竭,穷尽。
⑤ 愈:更加的意思。
⑥ 多闻数穷:比喻有意作为,违反了无为之道。闻,见闻,知识。数,同"速",是加快的意思。穷,困境,失败。
⑦ 守于中:遵守自然规律,守住虚静。

天地之间，其犹橐龠乎？虚而不屈，动而愈出。

多言数穷，不如守中。

王弼注本

天地不仁，以万物为刍狗；圣人不仁，以百姓为刍狗。

天地之间，其犹橐籥乎？虚而不屈，动而愈出。

多言数穷，不如守中。

【译文】

天地是没有偏爱的，它将万物当作刍狗，任凭其自然生长；圣人是没有私心的，他把百姓当作刍狗，任凭百姓自己发展。

天地之间，难道不就像个风箱吗？它虽然是虚无的，但力量不会穷尽，越鼓动它能量就会越多。

有意作为必定会加速败亡，应该遵守自然规律，保持虚静的状态。

第六章

【题解】

在这一章，老子继续阐明"道"的特征。文章的首句是"谷神不死,是谓玄牝",这里的谷神,不是管理农业和稻谷的神灵,而是老子对"道"的另一种称谓,意在说明道是广大无际,变幻莫测,永远不灭的。玄牝是指孕育和生养出天地万物的母体。老子把神秘莫测的"道"比成雌性动物的生殖器官,形象地表现了大道生生不息,孕育万物的特点。

"玄牝之门,是谓天地根"是承接上文而来。在老子看来,玄牝的门户是孕育天地万物的根源,这是对大道特性的进一步说明。"绵绵若存,用之不勤"是指道连绵不绝地存在着,看起来若有若无,可它的作用永远不会穷尽。可以看出,道先天而生,无迹可寻,却又化育万物,在天地间发挥着作用。

【原文】

帛书甲本

浴神①□死,是胃②玄牝③,玄牝之门④,是胃□地之根⑤。绵绵呵若存⑥,用之不堇⑦。

---

① 浴神:老子对"道"的别称。浴,指溪谷,形容虚无。神,形容神秘莫测。
② 是胃:这叫作。胃,同"谓"。
③ 玄牝(pìn):比喻天地万物产生的地方。玄,深黑色,引申为深远,神秘。牝,雌性的鸟兽。
④ 门:雌性生殖器的产门。
⑤ 根:根源,起源。
⑥ 绵绵呵若存:连绵不绝,若隐若现。
⑦ 堇:竭尽、穷尽的意思。

帛书乙本

浴神不死①，是谓玄牝，玄牝之门，是胃天地之根。绵绵呵其若存，用之不堇。

河上公本

谷神不死，是谓玄牝。玄牝之门，是谓天地根。绵绵若存，用之不勤。

王弼注本

谷神不死，是谓玄牝，玄牝之门，是谓天地根。绵绵若存，用之不勤。

【译文】

　　虚无的大道是永远存在的，这叫作幽微玄妙的母体，幽微玄妙的母体产门也是万物生成的总根源。它在天地间连绵不绝，若隐若现，它的作用是无穷无尽的。

---

① 不死：永远存在，不会消亡。

第七章

【题解】

在本章,老子借用天长地久来阐述无私的境界。天地是永恒存在的,而天地之所以能够长存,是因为它们不为自己的生存而有所作为。尽管生养了万物却从不为自己着想,即文中所讲的"以其不自生,故能长生"。

这种无私与大爱,体现了天道的本性。因此,天地就会和大道一样,永远不会消亡。老子希望以此能让执政者明白这个道理。如果他们也能效法天地的这种德行,无私无欲,一心为民,无论是个人还是国家都能得到最好的结果。"是以圣人后其身而身先,外其身而身存"。当一件事有好处的时候,圣人一定要躲到民众的后面,自己不去争抢。这样民众就会拥护你、爱戴你并认可你的地位,威望自然就会得到;当一件事情有危险时,圣人就要冲在最前头,把自己的安危置之度外,带领民众战胜危险。百姓的生命得以保全了,圣人自己也就有了最大的保障。试想,如果一个执政者唯利是图,与民争利,而遇到危难时,第一个溜之大吉,百姓怎么会拥护这样的人呢?

圣人这样做,符合天地的德行。"以其无私邪?故能成其私"。圣人以无私的行为成就了自己的"私",他可以得到民众的拥护,继续拥有无上的权力，得到自己该得的利益。实际上，这种"私"并不是圣人的主观目的，而是同化大道之后所附带的结果。这也就是说，真正按照道的标准去做，无私无我，该有什么就会有什么。这个过程中，百姓是最终的受益者。

【原文】

帛书甲本

天长地久①。天地之所以能□且久者，以②其不自生③也，故能长生。

是以声人芮其身而身先④，外其身⑤而身存⑥。不以其无□与？故能成其私⑦。

帛书乙本

天长地久。天地之所以能长且久者，以其不自生也，故能长生。

---

① 天长地久：天与地是长久存在着的。
② 以：因为。
③ 不自生：不为自己生存。
④ 身先：身居高位，受到众人的尊敬和拥戴。
⑤ 外其身：不为自己考虑，将自身安危置之度外。
⑥ 身存：保全自己的性命。
⑦ 成其私：有助于实现自己的目标。

是以耴①人退其身②而身先，外其身而身先，外其身而身存。不以其无私与？故能成其私。

河上公本
天长地久。天地所以能长且久者，以其不自生，故能长生。

是以圣人后其身而身先，外其身而身存。非以其无私耶？故能成其私。

王弼注本
天长地久。天地所以能长且久者，以其不自生，故能长生。

是以圣人后其身而身先，外其身而身存。非以其无私邪？故能成其私。

【译文】

天地是永恒存在着的。天地之所以能长存，是因为它们不是为了自己而存在，所以才能够长久生存。

因此，有道的圣人遇事谦让不争，反而得到了众人的敬重和拥戴；不在意自己的安危，将自身置之度外，反而得到了生命的保

---

① 耴：同"圣"。。
② 退其身：把自己放在众人身后，形容人谦让不争。

全。这一切不正是因为他无私吗？所以反而能成就他们的目标。

第八章

【题解】

在这一章，老子借用水的形象对道的特性进行了描述。在文章开头，就指出"上善若水"。老子为什么这样说呢？因为"水善利万物而不争，处众人之所恶，故几于道"。水滋润着万物而不与其相争，也不渴求什么回报。处于众人都讨厌之处，哪里低洼它就待在哪里。

水与道确实相像，水至柔，道无形，水润万物而不争，道育天地而无求。这些都是圣人所应该具备的德行。接下来，老子又从七个方面展开叙述，强调圣人做事都要体现水的上善品质。"居善地"，此处的"地"是低的意思，即避高趋下，像水一样选择合适的地方居住。这句话也是暗指做人要低调谦卑；"心善渊"是指内心要像深潭一样平静沉稳，能够包容；"与善仁"是说跟别人相处要像水一样，施予很多却不求回报；"言善信"是指说话办事要像水一样讲究诚信；"政善治"是说治理百姓要像水一样公正不偏私；"事善能"是说做事情要像水一样，尽全力将事情做到最好；"动善时"是指在行动时要像水一样把握好时机。以上这七个方面，都是以水的品德作为标准，意在警示圣人的行为要符合道的要求。

在文章结尾，老子又强调："夫唯不争，故无尤。"水德至柔无私，它遵循自然之道，顺势而为，润泽万物却不与其争。这样既能帮助别人又能保护自己，也不会遭到他人的怨恨。水德几近于道，一个人如果能具备水的德行，就能心境平和，避免与他人发生矛盾。与世无争，生活就会变得逍遥快乐。

【原文】

帛书甲本

上善①治水，水善利万物②而有静。居③众之所恶④，故几于道⑤矣。

居善地⑥，心善瀟⑦，予善，信，正善治⑧，事善能⑨，蹱善时⑩。

夫唯不静，故无尤⑪。

---

① 上善：最高的善。
② 善利万物：对万事万物有好处。
③ 居：居处。
④ 恶（wù）：讨厌，厌恶。
⑤ 几于道：接近于道。几，接近。
⑥ 地：低等，低下。
⑦ 瀟：原指深水，引申为深邃宁静。
⑧ 治：治理。
⑨ 能：能力，才能。
⑩ 时：适当的时机。
⑪ 尤：过失，罪过。

帛书乙本

上善如水，水善利万物而有争。居众人之所亚，故几于道矣。

居善地，心善渊，予善天，言善信，正善治，事善能，动善时。

夫唯不争，故无尤。

河上公本

上善若水。水善利万物而不争。处众人之所恶，故几于道。

居善地，心善渊，与善仁，言善信，正善治，事善能，动善时。

夫唯不争，故无尤。

王弼注本

上善若水，水善利万物而不争。处众人之所恶，故几于道。

居善地，心善渊，与善仁，言善信，正善治，事善能，动善时。

夫唯不争，故无尤。

【译文】

最高尚的善就如同水一样。水能够滋润万物而不与其相争，汇聚在众人都不喜欢的低洼之处，这种品德最接近于"道"。

上善的人，善于选择合适的地方居住，心胸沉静而深邃，待人真诚无私，言谈信守诺言，为政精于治理，处事善于发挥自己所长，行动善于把握合适的时机。

正因为不争，才不会出现失误和过错。

第九章

【题解】

这一章主要阐述了物极必反、功成身退的道理。为此，老子说："持而盈之，不如其已；揣而梲之，不可长保。"当杯子里的水倒满后就要外溢，此时杯子失去了作用，就应该停止下来；无论兵刃是多么锋利，时间长了也会氧化腐烂。

这些都是物极必反的自然法则。水太满会溢，刃过利会断。人生要懂得适可而止，进退有度。历史告诉我们，锋芒毕露就会遭人嫉恨和陷害，功成名就之日也是退位自保之时。不要贪恋权位，骄横跋扈，最终会招来祸患。有功不倨傲，有名不恃名，有财不张扬，这就叫遵循大道。

人生活在天地间，必然受到自然法则的制约。人的生命是非常短暂的，这种状态与草木的转眼枯亡没有什么两样。所以说，每个人都应该积极地思考人生，明白生命的意义，然而在俗世中，有很多人将名利财富看得比生命都重要。为了满足自己的欲望会不择手段。地位、财富是让人享用的,但绝不是人生的主要目的。当人死去的时候,功名利禄是带不走的,"金玉满堂,莫之能守"。古往今来,没有人能够永久地保存名位和财富,即便是一国之君、王公贵族也不例外。

大道滋养万物而不居功,一切都是顺势而为。人只有和大道同步,才能做到宠辱不惊,笑看得失。在浩瀚的宇宙中,一切物质都不可能长久,事物到了顶峰必然要向相反的方向转化。从这一点上讲,功成身退是超凡的思想境界,也是一种高超的人生智慧,更是明智的生命选择。

【原文】

帛书甲本

揸①而盈②之,不□□□□兑□之,□可长葆③之。
金玉盈室,莫④之守也。贵富而骄,自遗咎⑤也。
功遂身芮,天□□□

---

① 揸:手里拿着。
② 盈:充满,达到顶点。
③ 长葆:永久地保存。
④ 莫:不,无法。
⑤ 自遗(wèi)咎(jiù):自己为自己招致灾祸。遗,招致。咎,灾害,灾祸。

帛书乙本

植而盈之,不若其已①。掍②而兑之,不可长葆也。

金玉□室,莫之能守也。

贵富而骄,自遗咎也。

功遂身退③,天之道④也。

河上公本

持而盈之,不如其已。

揣而锐之,不可长保。

金玉满堂,莫之能守。

富贵而骄,自遗其咎。

功成名遂身退,天之道。

王弼注本

持而盈之,不如其已。揣而梲之,不可长保。

金玉满堂,莫之能守。富贵而骄,自遗其咎。

功遂身退,天之道。

---

① 不如其已:不如及早停止。已,止。

② 掍:同"揣",捶击,捶打。

③ 功遂身退:功成名就后不贪恋权位,及时退位自保。

④ 天之道:自然运行的规律。

【译文】

当持有的东西达到盈满程度时，不如及时停住；

锻打得极其锋利的铁器，是不能长久保持的。

即便满屋子金银珠宝，也是无法长久守住的；

富贵而又骄横的人，一定会给自己留下祸患。

功成名就之时，就要及时退位自保，这样做是符合自然规律的。

第十章

【题解】

本章重点论述了修身的功夫。老子用六个疑问句，指出了一个人在修身方面应该达到的要求。

"载营魄抱一，能无离乎"？这是老子提出的第一个疑问。从生理学的角度上看，人的精神和肉体是必然合在一起的。为什么老子要这样说呢？在面对巨大的压力或者受到强烈的刺激时，人的身体往往不能由自己来主宰，从而做出违背本心的做法。另外，由于自制力不够，也会出现类似的问题。对一个人来讲，能够守住本心，坚定意志，是非常不容易的。拥有强大的自制力是事业成功的保证，随波逐流只会一事无成。在老子看来，精神和身体能相合为一，不被外来干扰，正是道的基本要求。

承接上句，老子又问道："专气致柔，能婴儿乎？"老子之所以这样发问，是因为柔和的状态是符合道的。实际上，无论一个成年人怎么去做，也达不到婴儿的标准。因为刚刚出生的婴儿没有世俗的污染，思维纯净，一切顺其自然。这种状态，恰恰体现着老子的无为之道。

"涤除玄览，能无疵乎"？这是老子的第三个疑问。涤除玄览是指排除杂念，能够进行触动心灵的反省，让自己的内心像明镜一样明亮光滑。此处出现的玄览，本义是玄妙的镜子，以此来比喻人的心灵。老子这一发问，意在提出自省的观点。人要学会找寻自己的不足，尤其是通过自省来体悟大道。这是人生所必然面临的问题，若能够做到，对一个人意义重大。

最后，老子又接连发问："爱民治国，能无知乎？天门开阖，能为雌乎？明白四达，能无为乎"？这些提问，都是从不同角度阐述"无为"的道理。无论是治国还是爱民，都应当持守"无为"之道。当自然的感官接触外物时，要做到平静祥和，明白各种事理后，也不动用心计。

通过以上六问，足见老子对修身的重视。这六个疑问句，实际暗含回答。通过这篇文章，使我们明白：一个人只有坚守大道，才能达到完美修身。只要不离不弃，就能挡住诱惑与考验，实现精神的升华和事业的成功。

【原文】

帛书甲本

□□□□□□□□□□□能婴儿乎①？

修除玄蓝，能毋疵②乎？

□□□□□□□□□□□□□□□□□□□□□

生之畜之，生而弗□□□□□□□□德。

帛书乙本

载营袙③抱一④，能毋离乎？抟气⑤致柔，能婴儿乎？

修除玄监⑥，能毋有疵乎？爱民栝国，能毋以知乎？

天门启阖⑦，能为雌⑧乎？明白四达⑨，能毋以知⑩乎？

---

① 能婴儿乎：能像婴儿一样（身体柔和饱满）吗？
② 疵（cī）：瑕疵，不足。
③ 营袙：魂魄。
④ 抱一：形成整体，保持一致。
⑤ 抟气：集中气息。抟，集中，集结。
⑥ 修除玄监：修，打扫，清除。玄，奥妙深奥。监，镜子。
⑦ 天门启阖：形容天地间变化和运动的样子。天门，本义是指耳、目、口、鼻等感官，引申为自然变化的本源。启阖，即开启闭合。
⑧ 雌：此指母性中的温柔、退让等特点。
⑨ 明白四达：形容一个人很有智慧，什么都懂。
⑩ 知：同"智"，计谋，策略。

生之畜之，生而弗有，长而弗宰也，是胃玄德①。

河上公本

载营魄抱一，能无离？

专气致柔，能婴儿？

涤除玄览，能无疵？

爱民治国，能无为？

天门开阖，能为雌？

明白四达，能无知？

生之畜之。生而不有，为而不恃，长而不宰，是谓玄德。

王弼注本

载营魄抱一，能无离乎？专气致柔，能婴儿乎？

涤除玄览，能无疵乎？爱民治国，能无知乎？

天门开阖，能无雌乎？明白四达，能无为乎？

生之畜之，生而不有，为而不恃，长而不宰，是谓玄德。

【译文】

---

① 生之畜之，生而弗有，长而弗宰也，是胃玄德：这几句与前文不符，且在五十一章中也有出现。

灵魂和身体要保持合而为一，大概能做到不相分离吧？

聚结精气以达到柔和，大概能像初生的婴儿一样吧？

清除心灵上的污垢，大概能不犯错误吧？

爱护民众治理国家，大概能不使用巧智吧？

说话做事的时候，大概能安于柔雌的状态吧？

明白各种事理，大概能做到清净无为吧？

帮助万物繁衍生长，产生万物但是不占有它们，养育它们而不自恃有功，任其生长而不主宰它们，这就是最高的德性。

第十一章

【题解】

在这一章，老子结合事例阐述了有和无之间相互依存，相互为用的关系。

"三十辐共一毂，当其无，有车之用"，这是老子举出的第一个例子。车子的关键部位是轮子，在中国古代，车轮是由辐条构成的。每个车轮有三十根辐条，这些辐条都与轮子的中央部位毂紧密相连，而轴心之处是空的。只有这样，车子才能走动，车的作用才能体现出来。接下来，老子又以泥土做成的陶器为例，"埏埴以为器，当其无，有器之用"。只有将器皿做成空心的才能盛东西，实现它的价值。最后老子又以房屋为例，"凿户牖以为室，当其无，有室之用"。房屋的里面只有是空的,才能住人,体现房屋的作用。

在老子看来,车子、器皿、房屋为人类提供了便利,而这些作用都是通过"无"体现出来的。如果车毂不是空的,车轮不会转动,车子就寸步难行。如果陶器和房屋不是空的,就不能盛东西和住人。所以,老子在结尾总结道:"故有之以为利,无之以为用。"很多事情看上去是"有"在提供方便,可实际上是"无"在发挥作用。

有和无之间辩证统一,它们相互依赖,相互补充。失去其中任何一方,另一个也就不会存在。老子强调无的价值,是从感性到理性的升华。无是空,也是一种有,只不过难以触摸。因为有空无,才能承载万物。没有它,世界也就没有任何意义了。

【原文】

帛书甲本

卅□□□□□其无,□□之用□。
燃埴①为器,当其无②,有埴器□□□
□□□当其无,有□□用也。
故有之以为利,无之以为用③。

---

① 燃(yán)埴(zhí):利用陶土做成的各种饮食器皿。燃,即挻,搅拌。埴,泥土。
② 无:指毂的中间空的地方。
③ 有之以为利,无之以为用:"有"给人带来了便利,"无"也发挥了它的作用。

帛书乙本

卅辐①同一毂②,当其无,有车之用也。
埏埴而为器,当其无,有埴器之用也。
凿户牖③,当其无,有室之用也。
故有之以为利,无之以为用。

河上公本

三十辐共一毂,当其无,有车之用。
埏埴以为器,当其无,有器之用。
凿户牖以为室,当其无,有室之用。
故有之以为利,无之以为用。

王弼注本

三十辐共一毂,当其无,有车之用。
埏埴以为器,当其无,有器之用。
凿户牖以为室,当其无,有室之用。
故有之以为利,无之以为用。

---

① 辐:车轮中连接轴心和轮圈的木条。在古代,每个车轮都有三十根辐条。
② 毂(gǔ):车轮中心有圆孔可以插轴的地方。
③ 户牖(yǒu):门和窗。

【译文】

三十根辐条聚集到车轴上,有了车毂中空的地方,才有车的作用。

糅合黏土做成器皿,正因为它的中心是空的,才有器皿的作用。

开凿门窗建成了房屋,有了房屋中间的空虚部分,才有房屋的作用。

所以,"有"给人提供了便利,"无"也发挥了它的作用。

第十二章

【题解】

在这一章,老子指出纵欲享乐会给人带来伤害,并通过色彩、声音、味道、狩猎等诸方面对人的影响展开详细的论述。

"五色令人目盲",这里的五色也不单单指黑白黄绿青,而是颜色多样,色彩缤纷,也暗指花花绿绿的世界。"目盲"不是眼瞎,而是纷杂多彩的事物令人眼花。当人的眼睛看不清事物的时候,就会让人分不清真伪,迷失了方向。

接下来,老子又提出了"五音令人耳聋""五味令人口爽"的说法。美妙动听的丝竹管乐会让人听觉失灵;各色美味的食物会让人嘴巴麻木,尝不出味道。老子的这番话是对后人的告诫:

一味地沉湎于感官的享乐，就会使感官出现问题，行为偏离正道。

"驰骋畋猎令人心发狂"，是值得世人深思的名句。从古至今，打猎都被视为一种血腥的行为。长此以往，会使人变得凶残暴躁。这种不正常的心理状态会导致各种社会问题，因此老子是非常反对这种行为的。人的欲望是无止境的，尤其面对世上的奇珍异宝，更是难以把持。因此，老子说："难得之货令人行妨。"这些珍贵的物品会激起人们的贪婪之心。在这种欲望的驱使下，人们会做出极度自私、残忍的事情。"五色""五味""五音""驰骋畋猎""难得之货"对人的影响是非常大的，稍有松懈，就是沦为欲望的奴隶，从而丧失自己的德行。

在文章最后，老子指出："是以圣人为腹不为目。"圣人的生活方式非常简单，只要能填饱肚子就行，而没有对外物的欲求。老子的话发人深省，人的追求享受要有所节制，切不可纵欲无度。只有摒弃欲望的诱惑，保持内心的平和，人们的生活才会快乐安定。

【原文】

帛书甲本

五色① 使人目明②，驰骋③ 田腊④ 使人□□□，难得之货

---

① 五色：青、黄、赤、白、黑五种颜色。这里指色彩种类繁多，五颜六色。
② 目明：比喻眼花缭乱。
③ 驰骋：车马疾速奔走，比喻为人放荡不羁。
④ 田腊：打猎获取动物。

使人之行方①，五味②使人之口啊，五音③使人之耳聋④。

是以声人之治也，为腹不□□，故去罢耳此。

帛书乙本

五色使人目盲，驰骋田腊使人心发狂⑤，难得之货使人之行仿，五味使人之口爽⑥，五音使人耳□

是以耶人之治也，为腹而不为目⑦，故去彼而取此⑧。

河上公本

五色令人目盲；五音令人耳聋；五味令人口爽；驰骋田猎令人心发狂；难得之货，令人行妨。

是以圣人为腹不为目，故去彼取此。

---

① 行方：损害他人利益的行为。方，损害，伤害。
② 五味：酸、苦、甘、辛、咸。这里指各种各样的美味。
③ 五音：宫、商、角、征、羽。这里指各种各样的音乐声。
④ 耳聋：比喻听觉不灵敏，分不清五音。
⑤ 心发狂：心理阴暗变态，狂躁而不可抑制。
⑥ 口爽：味觉失灵，生了口病。爽，在古代指得了口腔疾病。
⑦ 为腹而不为目：只求能够吃饱，而不去追求纵欲享乐。
⑧ 去彼而取此：舍弃物欲的诱惑，拥有恬静简朴的生活。彼，指奢侈的生活。此，指简朴的生活。

王弼注本

五色令人目盲，五音令人耳聋，五味令人口爽，驰骋畋猎令人心发狂，难得之货令人行妨。

是以圣人为腹不为目，故去彼取此。

【译文】

五彩斑斓的色彩使人眼花缭乱，各种悦耳的声音使人听觉失灵，各色珍馐美味使人品不出味道，肆意狩猎让人癫狂暴躁，稀有的珍宝使人容易失去操守。

因此，圣人只求能吃饱肚子而不去纵欲享乐，所以应该断绝物欲的追求，保持简单纯朴的生活方式。

第十三章

【题解】

在这一章，老子主要论述了关于"宠辱若惊，贵大患若身"的道理。"宠辱若惊"是指得到宠爱和羞辱都感到惊慌，这种状态在生活中常见。那么，人为什么会感到惊慌呢？其实这一切都是贪图名利的结果。人都在意自己的得失，害怕利益受损，于是就随着自己境遇的变化而出现惊慌失措的反应。人生在世，功名利禄与富贵荣华都是梦寐以求的目标。为了达到这个目的，多少人不惜作奸犯科，出卖人格。老子认为"宠"是卑下的，因为它是上位者对下位者的施予，也是一种被动的行为，彼此间不存在平等。

其实得宠和受辱都是外在的表现，体现着别人的态度，自身并没有出现损失。只是由于欲望的执着，才使得外在的东西引起情绪的波动。对一个人来讲，不要刻意在乎别人的看法，不要从外部获得满足，内心的充盈与安静是最为重要的。

在阐述完"宠辱若惊"之后，孔子又对"贵大患若身"进行剖析。这句话是说，把大患看得好像自己的生命一样重要。其实这种思想也是极度自私的。老子认为这种想法是不对的。"吾所以有大患者，为吾有身；及吾无身，吾有何患"？之所以会有这样的感觉，都来自人的身体。如果没有这个身体，还有什么灾患可言呢？正是鉴于这样的分析，老子接着说："故贵以身为天下，若可寄天下；爱以身为天下，若可托天下。"把天下看得和自己身体一样贵重的人，是可以托付天下的；珍爱天下百姓如同珍爱自己身体的人，就能够担当治理天下的重任。

老子的话令人深思，他从自身修养谈到了如何治国。"宠辱若惊，贵大患若身"是不可取的。凡是胸有大志的人，都应该看淡欲望，抵制诱惑，以无私坦荡来面对一切，用自身的操守与德行为世人做出贡献。

【原文】

帛书甲本

龙辱①若惊，贵②大梡③若身。何胃龙辱若惊？龙之为下④。得之若惊，失□若惊，是胃龙辱若惊。

何谓贵大梡若身？吾所以有大梡者，为⑤吾有身也；及⑥吾无身，有何梡？

故贵为身于为天下⑦，若⑧可以迈⑨天下矣；爱以身为天下⑩，女可以寄⑪天下。

帛书乙本

弄辱若惊，贵大患若身。何胃弄辱若惊？弄之为下也。得之若惊，失之若惊，是胃弄辱若惊。

---

① 龙辱：宠爱和耻辱。龙，荣宠。
② 贵：重视，珍视。
③ 大梡：大的祸患。
④ 下：卑下，不光彩。
⑤ 为：因为。
⑥ 及：如果。
⑦ 贵为身于为天下：把天下看得和自己的生命一样珍贵。
⑧ 若：则，就。
⑨ 迈：同"托"，寄托，托付。
⑩ 爱以身为天下：爱天下的百姓就像爱自己的生命。
⑪ 寄：委托。

何胃贵大患若身？吾所以有大患者，为吾有身也；及吾无身，有何患？

故贵为身于为天下，若可以橐天下□；爱以身为天下，女可以寄天下矣。

河上公本

宠辱若惊，贵大患若身。何谓宠辱？辱为下。得之若惊，失之若惊，是谓宠辱若惊。

何谓贵大患若身？吾所以有大患者，为吾有身，及吾无身，吾有何患？

故贵以身为天下者，则可寄于天下；爱以身为天下者，乃可以托于天下。

王弼注本

宠辱若惊，贵大患若身。何谓宠辱若惊？宠为下。得之若惊，失之若惊，是谓宠辱若惊。

何谓贵大患若身？吾所以有大患者，为吾有身；及吾无身，吾有何患！

故贵以身为天下，若可寄天下；爱以身为天下，若可托天下。

【译文】

得到宠爱或是羞辱都好像受到惊吓一样，重视大的祸患如同重视自己的生命。什么叫得宠和受辱都感到惊慌呢？把得宠看得很荣耀，把受辱看得很卑下。得到了就惊喜万分，失去就感到惊慌不安，这就叫得宠和受辱都感到惊慌。

什么叫作重视大患如同重视自己生命一样？我之所以有大患，是因为我有身体。如果没有这具身体，哪里会有什么祸患呢？

所以，把天下看得和自己身体一样贵重的人，是可以把天下托付给他的；珍爱天下百姓如同珍爱自己身体的人，是能够担当治理天下的重任的。

第十四章

【题解】

在这一章，老子对大道的玄妙做了详细的描述。"视之不见名曰夷；听之不闻名曰希；搏之不得名曰微"。"夷、希、微"是老子为描述道的样态而采取的专用词汇。道不可感知，却又真实存在着。它是宇宙的本原，涵盖世间的万事万物。"此三者不可致诘，故混而为一"。在老子看来，"夷、希、微"无法深入进行探究，因为它们本就是浑然一体的，只能称之为一。

除了用"夷、希、微"来描述道之外，老子又说："其上不皦，其下不昧，绳绳不可名，复归于无物。"它的上面并不明亮，它的下面也不阴暗，延绵不绝又难以命名。而"无状之状，无物之象，是谓惚恍"。这里的惚恍也是形容大道若隐若现、神秘莫测的特点，这与"夷、希、微"虽名称不同，但都是同一所指。道永远都是"迎之不见其首，随之不见其后"。

在文章最后，老子讲述了"道"的规律和作用。"执古之道，以御今之有，能知古始，是谓道纪"。把握早已存在的道，可以用来驾驭当前的一切，也就能够了解宇宙天地的开始，这就叫作道的规律。道虽然是虚无缥缈、不可言说的，但只要诚心向道，摒弃私心杂念，就一定能寻得门径体悟大道，从而拥有美好的未来。

【原文】

帛书甲本

视之而弗见，名之曰微①。听之而弗闻，名之曰希②。捪③之而弗得，名之曰夷④。三者不可至计⑤，故䜭□□□。

一者，其上不攸⑥，其下不忽⑦，寻寻呵不可名⑧也，复归于无物⑨。是胃无状之状，无物之□□□□□□□□

---

① 微：无形体。
② 希：无声。
③ 捪：触摸。
④ 夷：无形。
⑤ 至计：致诘，追问，推究。
⑥ 攸：长、深、远、邈远的样子。
⑦ 忽：恍惚不明的样子。
⑧ 名：名状，描绘。
⑨ 无物：没有形体。

□□而不见其首。

执今之道①,以御②今之有③,以知古始④,是胃□□

帛书乙本

视之而弗见,□之曰微。听之而弗闻,名之曰希。捪之而弗得,命之曰夷。三者不可至计,故绲而为一⑤。

一者,其上不谬,其下不忽,寻寻呵不可命也,复归于无物。是胃无状之状,无物之象,是胃沕望⑥。随而不见其后,迎而不见其首。

执今之道,以御今之有,以知古始,是胃道纪⑦。

河上公本

视之不见名曰夷,听之不闻名曰希,搏之不得名曰微。此三者,不可致诘,故混而为一。

其上不皦,其下不昧。绳绳不可名,复归于无物。是谓无状之状,无物之象,是为忽恍。迎之不见其首,随之

---

① 道:最初的大道。
② 御:驾驭,统领。
③ 有:世间万物。
④ 古始:宇宙的原始,道的原初状态。
⑤ 一:指"道"。
⑥ 沕望:惚恍,闪烁不定的样子。
⑦ 道纪:"道"的纲纪,即规律。

不见其后。

执古之道，以御今之有。以知古始，是谓道纪。

王弼注本

视之不见名曰夷，听之不闻名曰希，搏之不得名曰微。此三者不可致诘，故混而为一。

其上不皦，其下不昧，绳绳不可名，复归于无物。是谓无状之状，无物之象，是谓惚恍。迎之不见其首，随之不见其后。

执古之道，以御今之有，能知古始，是谓道纪。

【译文】

看它却看不见，把它叫作"夷"；听它却听不到，把它叫作"希"；摸它也摸不到，把它叫作"微"。这三者的形状难以区分，因为它们原本就是浑然一体的。

它的上面既不显得明亮，下面也不那么阴暗。它绵延不绝又无法命名，又总是回到什么也看不见的虚空状态。这就是没有形状的形状，不见物体的形象，这就叫作"惚恍"。从前方迎着它，看不见它的前头，从后面跟着它，看不见它的尾。

遵循早已存在的"道"来驾驭当前的一切事物，能认识宇宙的初始，这就叫作"道"的规律。

第十五章

【题解】

在这一章，老子对"善为道者"做了细致剖析。他们的特点是"微妙玄通，深不可识"。这些得道之人清心寡欲，不在意世间得失，行为处事幽微精妙，深远得难以识别。"夫唯不可识，故强为之容"。正因为无法识别，所以只能勉强地予以形容。接下来，老子就用七个排比句对"善为道者"做出了具体阐述。

"豫焉，若冬涉川"，这是形容得道之人在做事上极为谨慎，就像冬天涉水过河一样，时刻担心冰面发生断裂。"犹兮若畏四邻"是形容得道之人常备警戒之心，就像畏惧自己的邻居一样。在生活中，危险往往来自内部和身边。为了自身安危，就要时刻留意身边的人和事。"俨兮其若客"，是说得道之人始终以客人自居，为人处世不嚣张，不随便，保持礼仪和操守。"涣兮若冰之将释"，这是形容得道之人身心愉悦，悠然自得的样子，就像消融的河水自由畅快。他们看淡人世间的一切，已从名利情仇中解脱出来。"敦兮，其若朴"，得道之人性格内敛，敦厚朴实，心中无欲无求，能够自觉地抵御外界的干扰和诱惑。"旷兮其若谷"，得道之人心怀博大，如同山谷一样幽深。他们心中充溢着慈善，能容纳世间的善恶美丑。"混兮其若浊"，得道之人能够混同周围的一切，就像浑浊的河水。他们外表平淡无奇，内心则玲珑睿智，明白大道的真谛。

接下来，老子提出了一个问题："孰能浊以静之徐清，孰能安以动之徐生"？这句话看似疑问，实际意在说明只有得道之人才能做到这样。在文章最后，老子对修道人又提出要求，"保此道者不欲盈"，即不骄傲，不自满，保持内心的沉静。唯有这样，才能做的"蔽而新成"。

【原文】

帛书甲本

□□□□□□□□□深不可志。夫唯不可志，故强为之容①。

曰：与②呵其若冬□□□□□□畏四□□□其若客③。涣④呵其若凌泽⑤，㭉呵其若楃。湷□□□□□□□若浴。浊而情之余清，女以重之余生。

葆此道不欲盈⑥，夫唯不欲□□□□□□□成。

---

① 容：形容。
② 与：同"豫"，犹豫，迟疑。
③ 客：客人，宾客。
④ 涣：涣散。
⑤ 凌泽：河水消融。
⑥ 不欲盈：不自满。盈，满。

帛书乙本

古之善为道者①，微眇玄达②，深不可志。夫唯不可志，故强为之容。

曰：与呵其若冬涉水③。犹④呵其若畏四邻。严⑤呵其若客。

涣呵其若凌泽。沌⑥呵其若朴。

湷⑦呵其若浊。湉⑧呵其若浴。

浊而静之徐清⑨，安以动之徐生。

葆此道□欲盈，是以能斃而不成⑩。

河上公本

古之善为士者，微妙玄通，深不可识。夫唯不可识，故强为之容。

与兮若冬涉川；犹兮若畏四邻；俨兮其若客。

---

① 善为道者：善于行道的人。
② 微眇玄达：精微深奥而灵通的道理。
③ 涉水：蹚水过河。
④ 犹：犹豫。
⑤ 严：同"俨"，形容严肃、恭敬的样子。
⑥ 沌：同"敦"，形容人老实厚道。
⑦ 湷：浑厚质朴。
⑧ 湉：辽远空旷。
⑨ 静之徐清：安静下来，逐渐变得清晰。
⑩ 斃而不成：安于有缺陷的旧状态而不创造新的事物。斃，同"敝"。

涣兮若冰之将释；敦兮其若朴。旷兮其若谷；浑兮其若浊。

孰能浊以静之徐清？孰能安以久动之徐生？

保此道者不欲盈，夫唯不盈，故能蔽不新成。

王弼注本

古之善为士者，微妙玄通，深不可识。夫唯不可识，故强为之容。

豫焉若冬涉川。犹兮若畏四邻。俨兮其若客。

涣兮若冰之将释。敦兮其若朴。

旷兮其若谷。混兮其若浊。

孰能浊以静之徐清，孰能安以久动之徐生。

保此道者不欲盈，夫唯不盈，故能蔽不新成。

【译文】

古时善于行道的人，精微奥妙，深刻通达，一般人难以理解。正因为他难以理解，所以只能勉强地形容他。

他小心谨慎啊，好像冬天踩着冰过河；他警觉戒备啊，好像防范四邻的进攻；他庄严郑重啊，好像要外出去做客。

他融化流散啊，好像冰块在慢慢消融；他老实厚道啊，好像没有经过加工的木头；他心胸豁达啊，好像幽深的山谷。

他浑厚宽容啊，好像浑浊的河水。

谁能让浑浊漂浮的物体安静下来，慢慢变清呢？谁能使死气沉沉的事物运动起来，逐渐显出生机呢？

保持这个"道"的人不会自满。正因为他从不自满，所以能够安于有缺陷的旧状态而不创造新的事物。

第十六章

【题解】

这一章论述的核心是致虚与守静。老子认为这是道的本质，也是修行的最高境界。在此基础上，他又提出了"归根""复命""常""明"等概念，强调回到万物存在的根源。

在老子看来，世间万物的发展变化都是有规律的，是一个循环往复的过程。但不管怎样变化，最终还是要回到各自的根本，这种状态就叫作"静"。静是生命的本质，回归到这个根本就是"常"。因为"知常曰明"，所以老子希望人们都能认识这个规律，并把它应用到现实中来，用虚空沉静的状态去对待万物的运动变化。如果"不知常"，就会肆意妄为，为自己招来祸害。

在最后，老子再次强调"知常"的重要性。"知'常'容，容乃公，公乃全，全乃天，天乃道，道乃久，没身不殆"。正因为明白万物变化的规律，才会宽容博大、公正无私，才能成为统领天下的君王。这一切，都是符合"道"的要求。只要循道而行就不会出现危险。

【原文】

帛书甲本

至虚极①也,守情表也,万物旁作②,吾以观其复③也。

天物云云④,各复归于其□□□□□,静,是胃复命⑤。复命常⑥也,知常明⑦也;不知常,芒⑧,芒作,凶。

知常容⑨,容乃公⑩,公乃王⑪,王乃天⑫,天乃道,□□□。沕身不怠。

帛书乙本

至虚极也,守静督⑬也,万物旁作,吾以观其复也。

---

① 致虚极:达到极端空虚的极致。
② 作:生长,兴起。
③ 复:循环往复。
④ 云云:同"芸芸",形容众多。
⑤ 复命:回归到原始的本性。
⑥ 常:万物运动中不变的法则。
⑦ 明:明白,了解。
⑧ 芒:同"妄",轻举妄动。
⑨ 容:宽容,包容。
⑩ 公:公正,公平。
⑪ 王:应作全,周遍。
⑫ 天:大自然。
⑬ 守静督:守静笃,持守静谧达到极点。

天物祡祡，各复归于其根①。曰静。静，是胃复命。复命常也，知常明也；不知常，芒，芒作，凶。

知常容，容乃公，公乃王，□□天，天乃道，道乃□。没身不殆②。

河上公本

致虚极，守静笃。

万物并作，吾以观其复。

夫物芸芸，各复归其根。归根曰静，是谓复命。复命曰常，知常曰明。不知常，妄作，凶。

知常容，容乃公，公乃王，王乃天，天乃道，道乃久，没身不殆。

王弼注本

致虚极，守静笃。万物并作，吾以观复。

夫物芸芸，各复归其根。归根曰静，是谓复命。复命曰常，知常曰明；不知常，妄作，凶。

知常容，容乃公，公乃王，王乃天，天乃道，道乃久。没身不殆。

---

① 根：根源，根本，文中代指道。
② 没（mò）身不殆：终身没有危险。

【译文】

达到空虚的最高境界,固守宁静达到极致。

在万物生长的过程中,我去观察其循环往复的规律。

天下芸芸万物,都最终返回各自的根本。返回根本就叫"静",静叫作"复归本性"。复归本性叫作"万物运动中不变的准则",认识和了解这种万物运动中不变的准则叫作"明"。不了解这种规则,轻举妄动就会有灾祸。

了解这种恒久规则的人,能做到宽容大度,做到宽容大度就会无私公正,无私公正就能周全,周全就能符合天理法则,而天理法则必然要符合道的,循道而行就会长久,就会终生没有灾祸。

第十七章

【题解】

在这一章,老子主要论述统治者治理国家的策略。老子将统治者分为四个不同的层次:"太上,下知有之。其次,亲而誉之。其次,畏之。其次,侮之"。在这里,老子对"太上"是赞赏的。因为这样的统治者都是奉行无为而治的圣王,他们依道而行,人们丰衣足食,完全感觉不到国君的存在。历史上的黄帝、尧、舜等上古先王就是最突出的代表。

"亲而誉之"的统治者,他们热爱自己的臣民,常常施恩于百姓,并与其和睦相处,他的仁德赢得了人民的亲近与爱戴。令人"畏之"的统治者总是一副盛气凌人的样子。他们制定出严刑峻法,对百姓任意盘剥,大开杀戒。民众在他的统治下,生活极其艰难。而最下等的统治者,他们的所作所为,导致天怒人怨。老百姓在背后诅咒他,辱骂他。这个时候,就是天下大乱的开始。

百姓对统治者的不服从,不相信,都来自统治者本身。因此老子强调:"信不足焉,有不信焉。"为政之人,必须取信于民。与此同时,还要"悠兮,其贵言"。"贵言"就是不要随意发号施令,要按照规律做事,什么时候做什么事,井井有条,清清楚楚。这就是老子所提倡的"无为"。统治者不费任何精力,就达到了国富民强,这才是最高级的为政之道。

【原文】

帛书甲本

太上①,下知有之②。其次,亲誉③之。其次,畏之。其下,母④之。信不足,案有不信。

---

① 太上:最上,最高。文中指最好的统治者。
② 下知有之:人民不知道有统治者的存在。
③ 誉:夸奖,赞誉。
④ 母:同"侮",侮辱。

□□其贵言①也。成功遂事②,而百省胃我自然③。

帛书乙本

太上,下知又□□□,亲誉之。其次,畏之。其下,母之。信不足,安有不信。

犹呵④,其贵言也。成功遂事,而百姓胃我自然。

河上公本

太上,下知有之;其次,亲之誉之;其次,畏之。其次,侮之。信不足焉。

犹兮,其贵言。功成事遂,百姓皆谓我自然。

王弼注本

太上,下知有之。其次,亲而誉之。其次,畏之。其次,侮之。信不足焉,有不信焉。

悠兮,其贵言。功成事遂,百姓皆谓我自然。

---

① 贵言:很少表态,对人民不轻易发号施令。
② 遂事:事情成功。
③ 自然:自己本来就是这样的。
④ 犹呵:轻松自在的样子。

【译文】

最好的统治者,人民不知道他的存在;稍差一点的,人民亲近他并且赞颂他;再差一些的,人民害怕他;最差的统治者,人民轻视他、侮辱他。统治者的诚信不足,人民自然不会相信他。

最好的统治者是非常悠闲的,他很少对百姓发号施令。功业成就,老百姓都说:"我们本来就是这样的。"

第十八章

【题解】

在这一章,充分展示了老子的辩证思维。本文内容简明,但蕴含的道理极为深刻。

"大道废,有仁义",仁义是儒家思想的精华,然而老子认为,是因为大道被废弃了才出现的仁义。在老子看来,在大道盛行之时,人们彼此平等关爱,互帮互助,仁义是自然的行为,世人感觉不到它的存在。然而当社会秩序混乱,大道被废之后,人们才不得不提出用仁义来处世治国。

"智慧出,有大伪",此处的智慧主要是指计谋、智巧。如果一个社会极度推崇智慧就会带来严重的后果,人们会为了名利、私欲,挖空心思弄虚作假。老子的论述有着很强的现实性，在生活中，真的应该注意那些诡计多端、高谈阔论之人。这种人聪明伶俐的背后，往往隐藏着险恶用心。

"六亲不和，有孝慈"，这句话是说家人之间不和睦，才有了所谓的孝慈。其实亲人间彼此相亲相爱乃是天性，自然而然的行为。所有的长辈应是慈爱的，所有的孩子应是孝顺的。正因为人心有了变化，行为不再端正，慈和孝才作为一种规范准则出现在生活中。

"国家昏乱，有忠臣"也是这个道理。在国家安定、人民安居乐业之时，不会有忠臣奸臣之说。如果说某个人是忠臣，就说明这个国家一定出了问题，已经到了混乱的地步。

老子的话深邃而经典，事物间的对立统一关系值得我们思索。社会在发展，世人的私欲也在增多。仁义、孝慈、忠臣并不是循道而生，而是在大道废除后的不得已而为之。只有顺应自然之道，返回人类的本性，社会才会有真正的出路。

【原文】

帛书甲本

故大道①废，案有仁义。知快出，案有大伪②。六亲③不和，案有畜兹。邦家昏乱，案有贞臣。

---

① 大道：治理国家的最高准则。
② 伪：虚伪，奸诈。
③ 六亲：父子、兄弟、夫妇，泛指亲人。

帛书乙本

故大道废，安有仁义。知慧①出，安有□□。六亲不和，安又孝兹②。国家昏乱，安有贞臣。

河上公本

大道废，有仁义；智慧出，有大伪。六亲不和，有孝慈。国家昏乱，有忠臣。

王弼注本

大道废，有仁义。智慧出，有大伪。六亲不和，有孝慈。国家昏乱，有忠臣。

【译文】

大道被废弃后，才有了所谓的仁义；智谋出现了，才会产生虚伪和奸诈；亲人彼此不和睦，才知道谁孝敬，谁慈爱；国家陷入了混乱，才有了所谓的忠臣。

---

① 知慧：同"智慧"，计谋，智巧。
② 孝兹：同"孝慈"，孝敬和慈爱。

第十九章

【题解】

在这一章,老子针对"大道废"而产生的社会问题,为执政者提出了具体的解决方案。具体包含三个方面的观点:

一、"绝圣弃智,民利百倍"。抛弃智巧和聪明,民众就会得到百倍的好处。老子为什么这样说呢?聪明才智是每个人都期盼的,可拥有之后怎么去做就是个大问题。如果能用于民众,那是最好的。可一旦用在谋取私利上,那将是十分可怕的。与其这样,还不如没有智慧。从执政者的角度讲,无论是圣还是智都违背了无为之道,是扰民之举。唯有抛弃圣智,以无为的思想治国,人民才会获得好处。

二、"绝仁弃义,民复孝慈"。抛弃仁德和道义,民众就会回复到孝慈。这句话很容易给人造成误解,仁德与道义是世人所赞颂的品德,为什么还要抛弃呢?这是因为大道被废弃了,才有仁义一说。人要想拥有真正的美德,就要返璞归真,遵循大道,本性自然流露,根本不需要社会舆论的引导和宣扬。

三、"绝巧弃利,盗贼无有"。抛弃投机和逐利的想法,盗贼就会绝迹。每个人都恪守本分,每个人都不去执着利益,谁也不会去干不好的事情,天下自然就没有盗贼了。

以上三方面的观点，对于治理国家是有好处的。但老子说："此三者，以为文不足。故令有所属。"在老子看来，这三个方面都是理论上的装饰，还不足以治理好天下。于是，老子郑重地提出："见素抱朴，少私寡欲。绝学无忧。"减少个人的私心，降低心中的欲望，保持最朴素的本性，这是执政者最应该考虑的。只有同化大道，明了人生意义，个人没有了烦忧，各种社会问题才能真正解决。

【原文】

帛书甲本

绝①声②弃知，民利③百负。绝仁弃义，民复④畜兹。绝巧弃利，盗贼无有。

此三言⑤也，以为文⑥未足，故令之有所属⑦。见素抱□□□□□□□□□

---

① 绝：断绝，放弃。
② 声：同"圣"，智巧，小聪明。
③ 利：获得利益。
④ 复：恢复。
⑤ 此三言：智辩、伪诈、巧利。
⑥ 文：粉饰。
⑦ 属：归属，遵循。

帛书乙本

绝耶弃知,而民利百倍。绝仁弃义,而民复孝兹。绝巧弃利,盗贼无有。

此三言也,以为文未足,故令之有所属。见素抱朴①,少私而寡欲。绝学②无忧。

河上公本

绝圣弃智,民利百倍。绝仁弃义,民复孝慈。绝巧弃利,盗贼无有。

此三者,以为文不足,故令有所属。见素抱朴,少私寡欲。绝学无忧。

王弼注本

绝圣弃智,民利百倍。绝仁弃义,民复孝慈。绝巧弃利,盗贼无有。

此三者,以为文不足,故令有所属。见素抱朴,少私寡欲。绝学无忧。

---

① 见(xiàn)素抱朴:保持原有的本色。素指没有染色的丝。朴指没有雕琢的原木。
② 绝学:杜绝世俗的学问。

【译文】

抛弃聪明和智巧,民众能够得到百倍的好处;去除仁德和道义,人民就会回归孝慈的天性;断绝投机和利益,盗贼也就消失了。

圣智、仁义、巧利这三方面全是文饰,不足以用来治理天下。所以,只有让百姓的思想有所归属:保持纯洁朴实的本性,减少私欲杂念,杜绝世俗的学问,才会没有忧患。

第二十章

【题解】

在这一章,老子利用鲜明的对比手法,深刻体现了得道之人与世俗之人的本质区别。

文章以提问的形式开头,"唯之与阿,相去几何?美之与恶,相去若何"。奉承与呵斥,善良与丑恶,相差多少呢?答案是明显的。接下来,老子又对世人随波逐流,盲从的心态予以分析,"人之所畏,不可不畏。荒兮,其未央哉"。文中的提问和分析为下文的对比做出了铺垫。

"众人熙熙,如享大牢,如春登台。我独泊兮,其未兆,如婴儿之未孩。傫傫兮,若无所归。众人皆有余,而我独若遗。我愚人之心也哉,沌沌兮。俗人昭昭,我独昏昏。俗人察察,我独闷闷"。在这一大段精彩的叙述中,老子没有流露任何批判的意味。然而通过众人思想和行为的衬托,老子的精神追求就非常清晰了。世人关心个人的得失,追求欲望的享乐。得道之人却不同,始终保存着纯真和质朴,心性清净淡泊。

在最后的总结中,老子指出:"我独异于人,而贵食母。"这是老子和众人不同的原因。万物之根源是大道,而老子最看重的就是得道。通过老子的自述,我们可以看出得道之人无忧无虑,逍遥自在,他们的虔诚与坚定令人敬佩。

【原文】

帛书甲本

唯①与诃②,其相去③几何?美与恶,其相去何若?人之
□□,亦不□□□□□□□□□□

众人熙熙④,若乡于大牢⑤,而春登台⑥。

我泊焉未佻⑦,若□□□□累呵,如□□□□皆有

---

① 唯:恭敬应答的声音。
② 诃:怠慢应答的声音。
③ 相去:相差,差距。
④ 熙熙:同"熙熙",形容众人纵情欢乐的样子。
⑤ 大牢:同"太牢"。古代帝王祭祀时,猪、牛、羊全备为"太牢"。
⑥ 登台:登上高台远眺。
⑦ 佻:同"兆",迹象,征兆。

余①，我独遗②。

我禺人③之心也，蠢蠢呵。鬻□□□□□□昏呵。鬻人蔡蔡，我独闷闷④呵。忽呵，其若□望呵⑤，其若无所止□□□□□□□□以俚。

我欲独异于人，而贵食母。

帛书乙本

唯与呵，其相去几何？美与恶，其相去何若？人之所畏⑥，亦不可以不畏人。望呵，其未央⑦才！

众人熙熙，若乡于大牢，而春登台。

我博焉未垗，若婴儿未咳⑧。累呵，似无所归。

众人皆有余，我愚人之心也，湷湷呵。

鬻人昭昭⑨，我独若昏⑩呵。鬻人察察⑪，我独闽闽呵。

---

① 有余：占有多余的财物。
② 遗：不足，失去。
③ 禺人：同"愚人"，愚笨的人。这里是比拟。
④ 闷闷：义同"昏昏"，糊涂，不清楚。
⑤ 望呵：时间经历得长久。
⑥ 畏：畏惧，担心。
⑦ 央：结束，完结。
⑧ 咳：同"孩"，婴儿的笑声。
⑨ 昭昭：光耀聪明。
⑩ 若昏：形容人稀里糊涂的样子。
⑪ 察察：精于算计。

沕呵，其若海。望呵，若无所止。

众人皆有以①，我独顽以鄙②。

吾欲独异于人，而贵食母③。

河上公本

唯之与阿，相去几何？善之与恶，相去何若？人之所畏，不可不畏。荒兮其未央哉！

众人熙熙，如享太牢，如春登台。我独怕兮其未兆，如婴儿之未孩。乘乘兮，若无所归。

众人皆有余，而我独若遗。我愚人之心也哉，沌沌兮！

俗人昭昭，我独若昏。俗人察察，我独闷闷。忽兮若海，漂兮若无所止。

众人皆有以，而我独顽似鄙。

我独异于人，而贵食母。

王弼注本

唯之与阿，相去几何？善之与恶，相去若何？人之所畏，不可不畏。荒兮，其未央哉！众人熙熙，如享大

---

① 有以：有本领，有作为。
② 顽以鄙：形容愚蠢而笨拙。
③ 食（shí）母：食，食用。母，化育天地万物的道。

牢，如春登台。

我独泊兮，其未兆，如婴儿之未孩。儽儽兮，若无所归。

众人皆有余，而我独若遗。我愚人之心也哉，沌沌兮。

俗人昭昭，我独昏昏。俗人察察，我独闷闷。淡兮，其若海。飂兮，若无止。

众人皆有以，而我独顽似鄙。

我独异于人，而贵食母。

【译文】

奉承和呵斥，相差有多远？美好和丑恶，相差有多远？别人所畏惧的，自己不能不畏惧。这种随波逐流的风气从古至今都是如此，好像没有尽头。

众人聚在一起纵情欢乐，好像去参加盛大的宴席，又如同在春日里登上高台眺望美景；此时只有我淡泊宁静，没有任何反应。好像不会发出笑声的婴儿；孤单落寞啊，好像没有归宿的流浪之人。

众人的物品都有剩余，而我却什么都没有，我真是愚人的心思啊，混混沌沌啊。

众人都在炫耀自己的聪明，只有我迷迷糊糊；众人都那么严厉苛刻，只有我如此宽宏质朴。他宁静深远啊，好像浩渺的大海；他飘扬洒脱啊，好像永无止境。

世人都有各自的本领，唯独我这样笨拙不堪。

我与众人不同，因为我所看重的就是对"道"的坚持。

第二十一章

【题解】

在这一章,以"孔德之容,惟道是从"作为开头,揭示了"德"与"道"之间的关系。在此基础上,老子对大道再次做了详细说明。

德由道生成,它的形貌与变化是由道决定的。道因德而显现于物质世界,二者相互依存,不可剥离。接下来,老子用一大段细致的描述,对大道予以形容。"道之为物,惟恍惟惚。惚兮恍兮,其中有象。恍兮惚兮,其中有物。窈兮冥兮,其中有精。其精甚真,其中有信"。大道恍恍惚惚,朦朦胧胧,然而在恍惚之中有形象、有实物、有精气、有信验。在老子看来,道虽然似有似无,但并非不可知,在世间的表现形式就是德。所以有形有物,有精有信。道是实在的,是可以相信的。

大德与大道是相通的,它和大道一样,恍惚而深远。道是德的根本,没有了道也就没有了德。道是永恒的,它的功能永远不会停止。只有真正悟道之人,才会具有德行。当我们对大道和大德的关系清晰了,就能领会其精髓,从而建立正确的人生观。对于自身的修养和未来发展具有极其重要的意义。

【原文】

帛书甲本

孔德①之容②，唯道是从③。

道之物，唯望唯忽④□□□呵，中有象⑤呵。望呵忽呵，中有物呵。幽呵鸣呵，中有请⑥吔。其请甚真⑦，其中□□

自今及古，其名不去，以顺众仪。吾何以知众仪之然，以此。

帛书乙本

孔德之容，唯道是从。

道之物，唯望唯沕。沕呵望呵，中又象呵。望呵沕呵，中有物呵。幼呵冥呵⑧，其中有请呵。其请甚真，其中有信⑨。

---

① 孔德：大德。孔，大。德，道在世间的显现和作用。
② 容：形貌。
③ 是从：听从，依从。
④ 唯望唯忽：朦胧，不清楚。望，同"恍"。忽，同"惚"。
⑤ 象：形象，影像。
⑥ 请：同"精"，精气。
⑦ 甚真：是非常真实的。
⑧ 幼呵冥呵：那样的幽深昏暗。幼，同"窈"，深远不可见。冥，晦暗不清楚。
⑨ 信：真实可信。

自今及古,其名不去,以顺众父①。吾何以知众父之然也,以此②。

河上公本

孔德之容,唯道是从。

道之为物,唯恍唯忽。忽兮恍兮,其中有象;恍兮忽兮,其中有物。窈兮冥兮,其中有精。其精甚真,其中有信。

自古及今,其名不去,以阅众甫。吾何以知众甫之然哉?以此。

王弼注本

孔德之容,惟道是从。

道之为物,惟恍惟惚。惚兮恍兮,其中有象。恍兮惚兮,其中有物。窈兮冥兮,其中有精。其精甚真,其中有信。

自古及今,其名不去,以阅众甫。吾何以知众甫之状哉,以此。

---

① 众父:同"众甫",世间万物的开端。众指各种各样的事物。甫,开始。
② 此:道。

【译文】

大德的形貌,是由道所决定的。

道这个东西,朦朦胧胧。它是那样的恍恍惚惚,里面却存有形象;它是那样的恍恍惚惚,里面却包含实物。它是那样的深远幽暗,里面却蕴藏精华之气,这精华之气是非常真实的,是真实而又可信的。

从古至今,它的名字从来都没消失过,依据它就能够了解世间万物的起源。我是怎样知道万物开始的情况的?就是通过"道"认识的。

第二十二章

(帛书本第二十三章)

【题解】

在这一章,老子通过论述相反相成的道理,强调"不争"的重要性。

文章在开篇说道:"曲则全,枉则直,洼则盈,敝则新,少则得,多则惑。"这六组完全相反的事物,体现了事物正反变化所包含的辩证法思想,都是为了凸显"不争"的道理。在现实生活中,一个人不可能一帆风顺,当遇到苦难时,人又该怎样去面对呢?狂躁、抱怨、退缩不能解决问题。在老子看来,可以先采取退让的方法,静观其变,然后寻找合适的时机行动。从这一点上说,与世无争是一种谦和的生活态度,它不是懦弱和消极,而是保全自身的智慧。

老子所说的不争,并不是放弃竞争,而是不要刻意而为,应该按照自然规律行事。任何事物都存在着对立统一的两个方面,它们是相互依存,互为转化的。如果能正确观察事物的两端,就会得到最合理的处事方式。在很多时候,老子提倡的不争代表着功成身退,代表着有才而不自恃。在困苦与艰难面前,换一种方式对待,会出现另一番天地。

圣人是明白这个道理的,他们眼里没有自己,没有分别之心,不自夸、不炫耀,一切顺其自然。得道之人将身心与大道融为一体,不争即不得,不得即不失。世间的功名利禄、富贵荣华也就不能牵动他们的心了。委曲求全是领悟大道而生出的智慧,是一个得道之人必然具备的高尚德行。

【原文】

帛书甲本

曲则金①,枉②则定,洼则盈③,敝④则新,少则得,多则惑。

---

① 曲则金:委屈能得到保全。曲,委屈。金,同"全",保全。
② 枉:弯曲。
③ 盈:充满。
④ 敝:破旧。

是以声人执一①，以为天下牧②。不□视故明，不自见③故章④，不自伐⑤故有功，弗矜⑥故能长。

夫唯不争，故莫能与之争。古□□□□□□语才！诚⑦金归⑧之。

帛书乙本

曲则全，汪则正，洼则盈，敝则新，少则得，多则惑。

是以耵人执一，以为天下牧。不自视故章，不自见也故明，不自伐故有功，弗矜故能长。

夫唯不争，故莫能与之争。古之所胃曲全者，几语才！诚全归之。

河上公本

曲则全，枉则直，洼则盈，弊则新，少则得，多则惑。

是以圣人抱一为天下式。不自见故明，不自是故彰，

---

① 执一：守道。执，持守。一，道。
② 牧：整治，治理。
③ 见（xiàn）：同"现"，出现。
④ 章：同"彰"，彰显，显明。
⑤ 伐：夸耀，炫耀。
⑥ 矜：骄傲自大。
⑦ 诚：真诚实在。
⑧ 归：归宿。

不自伐故有功，不自矜故长。

夫唯不争，故天下莫能与之争。古之所谓曲则全者，岂虚言哉！诚全而归之。

王弼注本

曲则全，枉则直，洼则盈，敝则新，少则得，多则惑。

是以圣人抱一，为天下式。不自见故明，不自是故彰，不自伐故有功，不自矜故长。

夫唯不争，故天下莫能与之争。古之所谓曲则全者，岂虚言哉！诚全而归之。

【译文】

委曲能得到保全，弯曲能得到伸展，低洼能得到充盈，破旧能得到更新，少取反而会多得，贪多就会让人迷惑。

因此得道之人将这一原则作为治理天下的范式。不自我表扬，反而能显明；不自以为是，才能明辨是非；不自己夸耀，反而会有功劳；不骄傲自大，反而能够长久。

正因为不与他人相争，所以天下没有人能争得过他。古时说的"委曲便能保全"的话，怎么会是假的呢？确实能够保全一生的平安。

第二十三章

（帛书本第二十四章）

【题解】

在这一章，老子论述了执政者要同化大道，实施不言之教的重要意义。文章开篇点题，"希言自然"，明确指出执政者要减少政令，不扰乱民生，这是符合自然之道的。接下来，老子通过自然界的变化来说明暴政不会长久，"故飘风不终朝，骤雨不终日"。再大的风雨也不可能持续一整天，"天地尚不能久，而况于人乎"。在这里老子告诫执政者，天地都在遵循自然规律，微不足道的人就更应该如此了。

"故从事于道者，道者同于道；德者同于德；失者同于失"。这段话，是老子对人生理想的肯定。一个人崇尚大道和大德，那么他就会朝着这方面发展，进而得到同化，具备大德。反之，离经叛道，大道自然不会启悟于他，只能招致灾祸。

"同于道者，道亦乐得之；同于德者，德亦乐得之；同于失者，失亦乐得之"。一个修道之人，要重视自己的力量，要让自己的行为符合自然规律，切不可有过激的行为。一个人应该明确：你付出什么，就会得到什么；付出多少，就会得到多少。此处，老子再次指出循道而行的重要性，强调人的选择是非常关键的。

老子这段论述，对于执政者有着巨大的启迪。治国要顺其自然，以不打扰民生为前提。同时，这些道理也会让一个普通人受益匪浅。无论从事什么职业，处于哪个阶层，如果能明白大道与大德的作用并努力实践，就会拥有美好幸福的人生。

【原文】

帛书甲本

希言①自然②，飘风③不冬朝④，暴雨⑤不冬日。孰为此，天地□□□□□□□□

故从事而道者⑥同于道，德者同于德，者者同于失。同□□□道亦德之。同于□者，道亦失之。

帛书乙本

希言自然，飘风不冬朝，暴雨不冬日。孰为此，天地而弗能久，有兄于人乎！

故从事而道者同于道，德者同于德，失⑦者同于失。同

---

① 希言：少说话，引申为执政者减少政令，不扰乱民生。
② 自然：大自然的规律。
③ 飘风：大风，狂风。
④ 朝：早晨，此处指一整天。
⑤ 暴雨：骤雨。
⑥ 从事而道者：循道而行的人。此处指统治者按道治理国家。
⑦ 失：失道或失德。

于德者,道亦德之。同于失者,道亦失之。

河上公本

希言自然。飘风不终朝,骤雨不终日。孰为此者?天地。天地尚不能久,而况于人乎?

故从事于道者,道者同于道,德者同于德,失者同于失。同于道者,道亦乐得之;同于德者,德亦乐得之;同于失者,失亦乐失之。

信不足焉,有不信焉①。

王弼注本

希言自然,故飘风不终朝,骤雨不终日。孰为此者?天地。天地尚不能久,而况于人乎!

故从事于道者,道者同于道,德者同于德,失者同于失。同于道者,道亦乐得之;同于德者,德亦乐得之;同于失者,失亦乐得之。

信不足焉,有不信焉。

【译文】

执政者少下政令是符合自然之道的。狂风刮不了一整天,暴雨也下不了一整天。是谁造成了狂风暴雨呢?是天地。天地尚且不能

---

① 信不足焉,有不信焉:这两句在十七章也有出现。

长久维持风雨，更何况是人呢？

所以，依道而行的人，就能和道在一起；依德而行的人就和德在一起；失道失德的人，就会失去它们。凡是认同道的人，道也乐于帮助他；凡是认同德的人，德也乐于接受他；认同失德的人，无德也乐于得到他。

诚信缺失了，民众就不会信服他。

第二十四章

（帛书本第二十二章）

【题解】

在这一章，老子用精练的语言阐述了只有按照客观规律办事并遵循自然大道才能成功的道理。

"企者不立，跨者不行"，这是人体的构造所决定的，是不可更改的。然而，企者和跨者却要违背这种规律，其结果可想而知。在现实生活中，人的主观愿望与行为结果经常会发生背离。因为这其中掺进了太多的勉强，不符合自然规律。当人的主观意识和客观规律之间发生矛盾后，马上要停止自己的行为并展开深刻的反思。经验告诉我们，凡事不要急于求成，想当然是办不成事的。人的思想和行为，一定要符合大道的要求，否则注定失败。我们要立足长远，不能因为贪图一时之利影响了全局。

"自见者不明,自是者不彰,自伐者无功,自矜者不长"。这几句在前文出现过,老子再次陈述的目的就是强调不合道德的行为必然会失败。自以为是的人是不能够彰显自己能力的,自我炫耀的人是不可能建功立业的,自吹自擂的人是不能长久的。这些行为违背大道的准则,在老子看来,就是残羹剩饭和一堆堆赘肉,令人厌恶。

上述老子所言,归根结底是要告诉人们不要执着自我,放纵自我。爱慕虚荣、张扬炫耀、妄自尊大都是害人的毒瘤。在为人处世上,要有自知之明,多为别人考虑,时刻融于大道和大德之中,为自己开辟美好的未来。

【原文】

帛书甲本

炊者①不立②,自视③不章④□见者不明,自伐者无功,自矜⑤者不长⑥。

---

① 炊者:烧火拉风箱的人。
② 立:稳固地站立。
③ 自视:自以为是。
④ 章:同"彰",显著,明显。
⑤ 自矜:自我炫耀。
⑥ 长:长久。

其在道，曰粽食赘行①，物或恶②之，故有欲者囗居。

帛书乙本

炊者不立，自视者不章，自见③者不明，自伐者无功，自矜者不长。

其在道也，曰粽食赘行，物或亚之，故有欲者弗居④。

河上公本

跂者不立，跨者不行。自见者不明，自是者不彰，自伐者无功，自矜者不长。

其于道也，曰余食赘行。物或恶之，故有道者不处也。

王弼注本

企者不立，跨者不行。自见者不明，自是者不彰，自伐者无功，自矜者不长。

其在道也，曰余食赘行，物或恶之，故有道者不处。

【译文】

烧火拉风箱的人是不能直立起来的，跨步而行是走不快的。自

---

① 粽食赘行：余食，剩饭。赘行，即赘形，因贪吃而长出多余的肉。
② 恶：厌恶。
③ 自见：自我表现。见，同"现"。
④ 居：同"处"。

我表现的人得不到显明；自以为是的人得不到彰显；自我夸耀的人建立不了功勋；自高自大的人是不会长久的。

从道的角度来看，可以说："这些肤浅炫耀的行为，就像是残羹剩饭和多余的肥肉，令人厌恶。"所以，有道的人决不会这样做的。

第二十五章

【题解】

在这一章，老子再次论述了道的性质和运行规律，并对道与人之间的关系予以阐述。

"有物混成，先天地生"，这句话中的"物"就是指道。它的内涵广大，既可以是物质的也可以是非物质的，超越一切时间和空间先天存在着的。道"寂兮寥兮，独立不改，周行而不殆，可以为天地母"。它寂静而空虚，不依靠任何外力长久运行着。它遍布宇宙，却又看不见摸不着，它拥有着无穷无尽的力量，孕育了天地万物，是整个世界的本源。老子这段话深刻地揭示出大道的性质。

道无形无状，因此老子不知其名，勉强称之为"道"，称之为"大"。老子之所以用"道"来为万物的本原命名，意在为人们指明认识宇宙和生命的正确方式。同时它的内涵广大无边，力量磅礴无限，配得上大字。"大曰逝，逝曰远，远曰反。故道大，天大，地大，人亦大"。"逝""远""反"这短短三个字，就形象地概括出大道的运行特点。大道孕育万物，而天、地、人是这些事物中最重要的。

自从这三者出现，道就有了依托表现，从而演化出一个丰富多彩的世界。道、天、地、人是四个层级，道与天地比，道为大；天与地相比，天为大；地与人来比，地为大，王与人来比，王为大。他们的本原都来自道，也都具备大德属性，因此都称为大。"域中有四大，而王居其一焉。人法地，地法天，天法道，道法自然"。在老子看来，人与道、天、地同大，其意就在于告诉世人，道在人的本性之中，人人可以向道，人人可以得道，这是世间其他生物所不具备的。这是对人类价值的最大肯定，也是老子对人类最厚重的希望。

在文章最后，老子说："人法地，地法天，天法道，道法自然。"这几句话指明了人、地、天、道之间的制约关系，强调万物都要遵循这种准则，而大道是自然而然，不受制约的。

【原文】

帛书甲本

有物①昆成②，先天地生③。绣④呵缪⑤呵，独立□□□

---

① 物：老子所讲的道。
② 昆成：同"混成"，浑然一体。
③ 先天地生：先于天地存在。
④ 绣：同"寂"，没有声音。
⑤ 缪：同"寥"，空旷，没有形体。

可以为天地母①。吾未知其名，字②之曰道。吾强为之名曰大，大曰③筮④，筮曰□□□

□□□天大，地大，王亦大。国中⑤有四大，而王居一焉。

人法⑥地，地法□□□□□□□

帛书乙本

有物昆成，先天地生。萧呵漻呵，独立而不荄⑦，可以为天地母。吾未知其名也，字之曰道。吾强为之名曰大，大曰筮，筮曰远⑧，远曰反⑨。

道大，天大，地大，王亦大。国中有四大，而王居一焉。

人法地，地法天，天法道，道法自然⑩。

---

① 天地母：天地万物的本原。
② 字：命名，取名。
③ 曰：连词，则，而。
④ 筮：同"逝"，永无休止地运行。
⑤ 国中：同"域中"，无边无际的宇宙中。
⑥ 法：效法，效仿。
⑦ 荄：同"改"，改变，消失。
⑧ 远：遥远。
⑨ 反：返回。
⑩ 道法自然：大道是自然而然的。

河上公本

有物混成，先天地生。寂兮寥兮，独立而不改，周行而不殆，可以为天下母。吾不知其名，字之曰道，强为之名曰大，大曰逝，逝曰远，远曰反。

故道大，天大，地大，王亦大。域中有四大，而王居其一焉。

人法地，地法天，天法道，道法自然。

王弼注本

有物混成，先天地生。寂兮寥兮，独立不改，周行而不殆，可以为天下母。吾不知其名，字之曰道，强为之名曰大，大曰逝，逝曰远，远曰反。

故道大，天大，地大，王亦大。域中有四大，而王居其一焉。

人法地，地法天，天法道，道法自然。

【译文】

有一种浑然而成的东西，在天地诞生之前就已经存在了。它没有声音也看不见形状，不依靠任何外力而独立存在着。它循环运行，永远不会停息，可以作为万物的本原。我不知道它的名字，把它叫作"道"，再勉强给它起个名字叫作"大"。它浩瀚无边而运行不息，运行不息而延伸深远，延伸深远而又返回本原。

所以说，道有道的规律，天有天的规律，地有地的规律，治国也有治国的规律。宇宙中有四种主要规律，而治国的规律只占其中之一。

人效法地，地效法天，天效法"道"，而道是自然而然的。

第二十六章

【题解】

在这一章，老子通过对轻与重、动与静两对矛盾现象的论述，展现出朴素的辩证法思想。"重为轻根，静为躁君"，老子认为，重是轻的根本，轻是由重决定的。如果注重轻而忽视重，就会失去根本。在动与静的关系中，静是动的根本。在此处，轻可以引申为轻率、轻浮，重可以理解为稳重。而动则代表躁动，静是镇静，安定。这两组词语有着密切的联系，一个人如果轻浮就会躁动，而稳重之人才会安静。

那么，一个得道之人该怎样去做呢？"是以圣人终日行，不离辎重。虽有荣观，燕处超然"。君子行事，谨慎庄重，从来不会轻举妄动。凡事都会经过深思熟虑才会去做。他们顺应天道，内心祥和，绝不会表现出轻率，焦虑的姿态。当面对奢华的生活时，他们不会迷失自己，以一种超然物外的心态来对待。安逸的环境，没能消磨心中的志向，反而激发他们不断前行的决心。

最后，老子又从个人修身转到了"万乘之主"。作为一个大国的君主，肩负着巨大的使命，老子对他们的告诫从没停止过。"奈何万乘之主，而以身轻天下？轻则失本，躁则失君"。在老子所处的历史时期，很多国君不施仁政，奢靡狂妄，这让老子非常担忧。在老子看来，一国之君应当稳重静定，而不是轻浮躁动。如果统治者以纵欲享乐为重，以治理国家为轻，就违背了"重为轻根，静为躁君"的规律，后果只能是"轻则失本，躁则失君"。因此为人君者，必须以苍生为重，心系百姓，否则就会遭到人们的唾弃，自取灭亡。

【原文】

帛书甲本

□为巠根①，静为趮君②，是以君子③众日行，不蘺其甾重④。

虽有环官⑤，燕处⑥□□若。若何万乘之王，而以身巠于天下？

巠则失本，趮则失君。

---

① 根：根本，根基。
② 君：主宰。
③ 君子：有德之人。
④ 甾重：同"辎重"，行军途中所携带的装备、粮食、服装等。
⑤ 环官：同"环馆"，有权势之人游玩的地方。
⑥ 燕处：安然闲居。

帛书乙本

重为轻根，静为趮君，是以君子冬日行，不远其甾重。

虽有环官，燕处则昭若①。若何万乘之王②，而以身轻于天下③？

轻则失本，趮则失君。

河上公本

重为轻根，静为躁君。是以圣人终日行，不离辎重。

虽有荣观、燕处，超然。奈何万乘之主，而以身轻天下？

轻则失臣，躁则失君。

王弼注本

重为轻根，静为躁君，是以圣人终日行，不离辎重。

虽有荣观，燕处超然。奈何万乘之主，而以身轻天下？

轻则失本，躁则失君。

---

① 昭若：自在，洒脱，不陷入其中。
② 万乘（shèng）之王：拥有一万辆战车的人，即大国的国君。乘，一车四马为一乘。
③ 以身轻于天下：治理天下而轻视自己的生命。

【译文】

稳重是轻率的根本,安静是躁动的主宰。因此君子行事时刻保持谨慎,就像行军时离不开辎重一样。

虽然有奢华的生活,却能淡然处之,不被其吸引。为什么一个大国的君主,要用轻率和躁动来治理国家呢?

轻率会失去根本,急躁则丧失主宰。

第二十七章

【题解】

在这一章,老子提出了"五善",即善行、善言、善数、善闭、善结。这五善都合乎大道的要求,体现了老子高深的智慧,也是老子对无为思想的进一步阐述。

"善行无辙迹"。善于行动的人,绝不会留下任何行事的痕迹,从而很好地保护了自己。

"善言无瑕谪"。善于言谈的人,不一定都是口若悬河之辈。其重点是指说话有条理,缜密细致,不出现任何疏漏。

"善数不用筹策"。这是善于心算的一类人,不需要借助任何计算工具,就能得到计算结果,其表现令人叹为观止。

"善闭无关楗而不可开"。这种人防范技能极高,不需要利用锁和闩,就让别人打不开门。

"善结无绳约而不可解"。不用绳索就能把人牢固地捆起来。

这五善之人,都得益于大道,是值得珍惜和重视的。老子借助他们之名,是为了说明天下万物皆有道心,都应该真心对待。因此,"是以圣人常善救人,故无弃人,常善救物,故无弃物"。无论什么样的人与物,都是天地的造化。这就要求圣人不可有分别之心,时刻做到人尽其才,物尽其用,以彰显人或物的本性。这样,就从根本上杜绝了遗弃之说。这是对生命的敬重,是同化大道的德行,更是一种不为人知的智慧。世上的万物有多样性,有良善之人,也有宵小之徒。然而辩证地看,无论做得好与不好,都有其存在的意义。善人可以教育帮助不善之人,不善之人的行为可以为善人提供经验教训。这种矛盾统一的状态,恰恰体现着大道的奥妙。如果看不清这一点,"不贵其师,不爱其资,虽智大迷",那就是最大的糊涂。

【原文】

帛书甲本

善行者无辙迹①　□言者无瑕適②。善数③者不以筹筴④。

---

① 辙迹:车轮行走时留下的痕迹。
② 瑕適:原指玉石上的斑点,此处引申为缺点、不足。
③ 数:计算。
④ 筹筴:即筹策,古时人们用作计算的器具,如竹片、木棍等。

善闭①者无关籥②而不可启也。善结③者□□约而不可解也。

是以声人恒善㤹④人，而无弃人⑤，物无弃财⑥，是胃㥾明⑦。

故善□□□之师；不善人，善人之资⑧也。不贵⑨其师，不爱其赍，唯知乎大眯，是胃眇要⑩。

帛书乙本

善行者无达迹，善言者无瑕適。善数者不以筹䇲。善闭者无关籥而不可启也。善结者无纆约⑪而不可解也。

是以圣人恒善㤹人，而无弃人，物无弃财，是胃曳明。

故善人，善人之师；不善人，善人之资也。不贵其师，不爱其资，虽知乎大迷，是胃眇要。

---

① 善闭：善于关门的人。
② 关籥：即关楗，古时关门的木栓。横的叫关，竖的叫楗。
③ 善结：善于捆绑的人。
④ 㤹：同"救"，挽救，帮助。
⑤ 弃人：没有用处的人。
⑥ 弃财：没有价值的物品。
⑦ 㥾明：智慧聪明不外露。㥾，同"曳"，引申为承袭、保存。
⑧ 资：参照，借鉴。
⑨ 贵：尊重，重视。
⑩ 眇要：要妙，精深微妙。
⑪ 纆约：绳约，绳索。

河上公本

善行无辙迹，善言无瑕谪。善计不用筹策；善闭无关楗而不可开，善结无绳约而不可解。

是以圣人常善救人，故无弃人；常善救物，故无弃物，是谓袭明。

故善人者，不善人之师；不善人者，善人之资。不贵其师，不爱其资，虽智大迷。是谓要妙。

王弼注本

善行无辙迹，善言无瑕谪。善数不用筹策，善闭无关楗而不可开，善结无绳约而不可解。

是以圣人常善救人，故无弃人，常善救物，故无弃物，是谓袭明。

故善人者，不善人之师；不善人者，善人之资。不贵其师，不爱其资，虽智大迷，是谓要妙。

【译文】

善于行动的人，做事不会留下痕迹；善于言谈的人，不会在言语上有过失；善于计算的人，用不着使用筹策；善于关门的人，不用关楗也会让人打不开门；善于捆绑的人，不用绳索别人也解不开。

圣人总是善于帮助别人，所以不会放弃哪个人；总是善于使用各种物品，所以就没有被抛弃的物品。这就是掩藏在内的智慧。

所以，善人是不善之人的老师，不善之人也为善人提供了借鉴。不尊重自己的老师，不珍惜借鉴的对象，表面上看似聪明，其实是非常的糊涂。这是精微奥妙的道理。

第二十八章

【题解】

在本章，老子重点论述了退让谦卑的思想，并在此基础上提出了化解矛盾的方法。这些阐述充分体现了老子无为的处事态度，也是对"夫唯不争，故天下莫能与之争"的进一步延伸。

首先，老子提出"守雌"的说法。"知其雄，守其雌，为天下谿。为天下谿，常德不离，复归于婴儿"。明明知道什么是雄强，却安于雌弱的位置，心甘情愿成为天下的谿壑。这样一来，永恒的道就不会离开他，回到婴儿般的朴质状态，达到纯真的境界。在这里，小溪、婴儿都是柔弱处下、清静无为的体现。在老子看来，柔弱必然会战胜刚强。凡是自然的、最朴质的行为，都是同化大道的表现。一个人只有让自己的心地纯净无染，才会接近道的境界。

"知其白，守其黑，为天下式"。这里的"式"是榜样、范例的意思。一个人知道了什么是光明，却安于幽暗的位置，这样就可以成为天下效仿的榜样。当达到这一境界时，就出现了"常德不忒，复归于无极"的状态。永恒的大道就不会有差错，它会再恢复到宇宙的初始状态。这一句是老子对世人的再次提醒，大道是终极永恒的，得道之人要实行不言之教，凡事不要强人所难。

"知其荣，守其辱，为天下谷。为天下谷，常德乃足，复归于朴"。人都是有欲望的，明明知道荣耀的好处，却能安于卑下的地位，这样的胸怀就像是博大的山谷。在得到众人的归附后，永恒的道德才会完满，从而恢复到朴质的境界。

可以看出，无论是守雌、守黑还是守辱，都是一种主动的行为。这是得道之人所拥有的德行，他们明白世事无常，不执着欲望，不与世人争，以淡泊卑下的心态对待一切。在同化大道的过程中，得到了愉悦和自在。

在文章最后，老子提出"朴散则为器，圣人用之则为官长，故大制不割"。这是大道盛行的世界，圣人为政，会充分发挥万物淳朴的本性，使其更加符合道的要求，而不会与大道分离。谦下贵柔，大道治国是本章核心的论述，为后世之人提供了借鉴。

【原文】

帛书甲本

知其雄①，守其雌②，为天下溪③。为天下溪，恒德不鸡。恒德不鸡，复归婴儿④。

---

① 雄：刚劲，强大。
② 雌：柔弱，谦恭。
③ 溪：同"谿"，小河沟。
④ 婴儿：纯真，单纯。

知其白,守其辱①,为天下浴②。为天下浴,恒德乃□恒德乃□□□□知其,守其黑,为天下式③。为天下式,恒德不貣④。恒德不貣,复归于无极⑤。

楃散□□□□人用则为官长⑥,夫大制无割⑦。

帛书乙本

知其雄,守其雌,为天下鸡。为天下鸡,恒德不离。恒德不离,复□□□□

□其白,守其辱,为天下浴。为天下浴,恒德乃足。恒德乃足,复归于朴。知其白,守其黑,为天下式。为天下式,恒德不贷。恒德不贷,复归于无极。

朴⑧散则为器⑨,取人用则为官长,夫大制无割。

---

① 辱:侮辱,羞辱。
② 浴:同"谷",深谷。
③ 式:榜样,范式。
④ 貣:同"忒",过失,错误。
⑤ 无极:最终的真理。
⑥ 官长:执政者,管理者。
⑦ 大制无割:完整的制度是不会伤害百姓的。制,管理,引申为政治。割,割裂。
⑧ 朴:质朴的状态。
⑨ 器:器具,代指万事万物。

河上公本

知其雄，守其雌，为天下溪。为天下溪，常德不离。复归于婴儿。

知其白，守其黑，为天下式。为天下式，常德不忒。复归于无极。知其荣，守其辱，为天下谷。为天下谷，常德乃足，复归于朴。

朴散则为器，圣人用之，则为官长。故大制不割。

王弼注本

知其雄，守其雌，为天下豀。为天下豀，常德不离，复归于婴儿。

知其白，守其黑，为天下式。为天下式，常德不忒，复归于无极。知其荣，守其辱，为天下谷。为天下谷，常德乃足，复归于朴。

朴散则为器，圣人用之则为官长，故大制不割。

【译文】

知道什么是雄强，却安于雌弱的位置，甘心做天下的溪涧。甘心做天下的溪涧，永恒的德行就不会消失，就能回到婴儿般纯真的状态。

明白什么是明亮，却安于幽暗的地位，甘心做天下效仿的榜样。甘心做天下效仿的榜样，永恒的德行不会出现失误，回归到无穷无尽道德境界。知道什么是荣耀，却安于卑下的地位，甘心成为天下的山谷。甘心做天下的川谷，永恒的德性才得以充足，回到自然朴质的状态。

自然朴质的状态被破坏后，就成为万事万物，有道的人沿用真朴，则为百官之长，所以完善的制度是不会伤害百姓的。

第二十九章

【题解】

在这一章，老子再次强调了"无为"之治的重要性，对执政者如何治国提出警示。"将欲取天下而为之，吾见其不得已。天下神器，不可为也"。在老子看来，以强制和暴力统治人民是不行的。面对天下万民，肆意妄为，强力把持都是违背了大道的要求。执政者如果一意孤行，下场只有一个，那就是"为者败之，执者失之"。圣人是明白这个道理的，他不会违背大道的要求，而是处处坚持无为，顺其自然。这样做不会招来失败，也不存在得失的问题。

芸芸众生，每个人都有各自的性格特点。"夫物，或行或随，或歔或吹，或强或羸；或载或隳"，就是这样一个个鲜活的生命，构成了多姿多彩的世界。对于秉持大道的统治者，他不会采取任何高压措施对待人民，而是顺应自然，因势利导。正如老子所说："是以圣人去甚，去奢，去泰。"圣人同化大道，凡事不会走极端，不去追求奢华，也没有过分的行为。这样，天下的百姓就不会受到干扰，从而过上幸福的生活。

【原文】

帛书甲本

将欲取①天下而为②之，吾见其弗□□□□□□器也，非可为者也。为者败之，执③者失之。

□物或行或随④，或炅或□□□□□，或杯或撇。是以声人去甚⑤，去大，去楮。

帛书乙本

将欲取□□□□□□□□□得已。夫天下神器⑥也，非可为者也。为之者败之，执之者失之。

故物或行或隋，或热或硰，或陪或堕。是以耵人去甚，去大，去诸。

---

① 取：治理，管理。
② 为：有为，靠强制去做。
③ 执：掌握，把持。
④ 随：跟随。
⑤ 甚：极端。
⑥ 神器：神圣之物。

河上公本

将欲取天下而为之，吾见其不得已①。天下神器，不可为也。为者败之，执者失之。

故物或行或随；或呴或吹②；或强或羸③；或载④或隳⑤。是以圣人去甚，去奢⑥，去泰⑦。

王弼注本

将欲取天下而为之，吾见其不得已。天下神器，不可为也。为者败之，执者失之。

故物或行或随，或歔或吹，或强或羸，或挫或隳。是以圣人去甚，去奢，去泰。

【译文】

想要治理天下却要使用强硬的办法，我看他是达不到目的的。天下是个神圣的事物，对它不能肆意妄为。妄为就一定会失败，强

---

① 不得已：达不到目的。
② 或呴或吹：有缓有急。呴，慢慢呼气，形容性情温和。吹，急速地吐气，形容脾气急躁。
③ 羸：瘦弱。
④ 载：事情成功。
⑤ 隳（huī）：失败，毁灭。
⑥ 奢：奢侈。
⑦ 泰：过分。

力把持就一定会失去天下。

世人具有不同的秉性，有的走在前，有的跟在后，有的性情和缓，有的脾气急躁，有的强壮，有的羸弱，有的受益，有的毁灭。因此，圣人要除去极端、奢侈、过度的行为。

第三十章

【题解】

战争，是每一个善良之人都不愿意看到的。多少家庭毁于战火，多少百姓惨遭涂炭。对此，老子明确提出反对。"以道佐人主者，不以兵强天下，其事好还"。从这句话可以看出，凡是用大道辅佐君王的人，都不崇尚用武力在天下称王称霸。每一个穷兵黩武的人会很快遭到上天的惩罚。除此之外，战争过后带给民众的伤害，也不是短时间内能够恢复的。"师之所处，荆棘生焉。大军之后，必有凶年"。老子这段描述，真是令人触目惊心。老子认为，战争只能在迫不得已的情况下进行，目的是保家卫国。即便是胜利的一方也不能忘乎所以，应该遵循大道的原则。

"善有果而已，不敢以取强。果而勿矜，果而勿伐，果而勿骄。果而不得已，果而勿强"。此处的"矜""伐""骄""强"都是个性狂妄凶残的表现，这种"不道"的行为，会引起别人的愤恨，令自身懈怠放松，最终导致灭亡。

一个人行事，一定要恰到好处，切不可张扬炫耀，尤其在用兵方面。上天有好生之德，疯狂的杀戮必然会惹得天怒人怨。作为一国之君，在治理国家时应采取顺其自然的做法，杜绝过激的行为。

"物壮则老，是谓不道。不道早已"。这是老子极为郑重的警示。物极必反是天地间不变的真理，事情一旦过了头，必然要走向反面。现实生活中，很多人在功成名就之后得意忘形，妄自尊大，最后都以失败而收场。当我们真正明白这个道理的时候，做事就会有分寸，知道如何控制自己的情绪。所以说，一个人的行为只有符合大道的标准，才会永远处于不败之地。

【原文】

帛书甲本

以道佐①人主②，不以③兵□□天下□□□□□□所居，楚朸生之。

善者果而已④矣，毋以取强⑤焉。果而毋骄，果而勿

---

① 佐：辅佐，辅助。
② 人主：执政者，统治者。
③ 不以：不依靠。
④ 善者果而已：善于用兵的人只求取得胜利罢了。善，善于。果，成功，效果。
⑤ 取强：凭借武力逞强称雄，为所欲为。

矜①，果而□□果而毋得已居，是胃□而不强。

物壮②而老，是胃之不道③，不道蚤已④。

帛书乙本

以道佐人主，不以兵强于天下。其□□□□□□□棘生之。

善者果而已矣，毋以取强焉。果而毋骄，果而勿矜，果□□伐，果而毋得已居，是胃果而强。

物壮而老，胃之不道，不道蚤已。

河上公本

以道佐人主者，不以兵强天下。其事好还⑤。师⑥之所处，荆棘生焉。大军之后，必有凶年。

善者果而已，不敢以取强。果而勿矜，果而勿伐，果而勿骄，果而不得已⑦，果而勿强。

物壮则老，是谓不道，不道早已。

---

① 矜：自傲自大，目中无人。
② 壮：强壮，强硬。
③ 不道：不合乎于道。
④ 蚤已：同"早已"，早死，迅速消亡。
⑤ 好还：容易得到报应。好，容易。还，报应。
⑥ 师：军队，引申为战斗。
⑦ 不得已：不得不这样做。

王弼注本

以道佐人主者,不以兵强天下,其事好还。师之所处,荆棘生焉。大军之后,必有凶年。

善有果而已,不敢以取强。果而勿矜,果而勿伐,果而勿骄,果而不得已,果而勿强。

物壮则老,是谓不道,不道早已。

【译文】

按照道的标准来辅佐君主的人,不会利用兵力来称雄天下。滥用武力会迅速遭到报应。军队所到之处,荆棘横生。大战过后,必定会出现荒年。

善于用兵的人只求取得胜利罢了,绝不会炫耀武力强大。达到目的后也不会狂傲自大,达到目的后也不会骄傲,达到目的后也不自以为是,达到目的是不得已这样做,达到目的却不逞强。

事物过于强大就会走向衰败,这就说明它不符合于道,不符合于道的事物,就会很快地消亡。

第三十一章

【题解】

在这一章,老子以古代的礼仪做比,进一步表达了对战争的厌恶,特别是战胜之后的态度问题。

"夫佳兵者，不祥之器。物或恶之，故有道者不处"。老子认为兵器是不祥之物，普通百姓都很厌恶它，何况是个得道之人。正因为如此，"君子居则贵左，用兵则贵右"。在我国古代，客居左，代表着谦让有礼。而用兵打仗不是什么好事，所以以右位待之，体现了贬低鄙视的含义。

得道之人崇尚恬淡，没有私欲追求，自然会远离战争。"兵者不祥之器，非君子之器，不得已而用之"。君子有时也使用武力，那是迫不得已。即便如此，广大民众的生命财产依然会有巨大损失。对此，老子的态度非常明朗，"恬淡为上。胜而不美，而美之者，是乐杀人。夫乐杀人者，则不可得以志于天下矣"。取得战争的胜利不值得称赞，如果赞美胜利并且得意忘形，就说明其人是个嗜杀之徒。这种人是不配治理天下的。

在文章最后，老子指出："杀人之众，以悲哀泣之。战胜，以丧礼处之"。战争中会死伤很多，应当以悲痛的心情去参加。战争胜利了，应当以丧礼的方式来对待。老子对战争的态度是显而易见的，这种悲天悯人的情怀溢于言表。每一个执政者都应记住老子的话，遵循大道的原则，不善用刀兵，为天下苍生谋取更多的幸福。

【原文】

帛书甲本

夫兵者①，不祥之器□。物或恶之②，故有欲者弗居。

---

① 夫兵者：兵器。夫，发语词，没有实际意义。
② 物或恶之：人们厌恶、憎恨的东西。物，指人。

君子居则贵左①，用兵则贵右②。故兵者非君子之器也，□□不祥之器也，不得已而用之，铦袭③为上。勿美④也，若美之，是乐杀人⑤也。夫乐杀人，不可以得志于天下矣。

是以吉事上左，丧事上右。是以便将军居左，上将军居右。言以丧礼居之也。杀人众，以悲依立之。战胜，以丧礼处之。

帛书乙本

夫兵者，不祥之器也。物或亚□□□□□□□

□□居则贵左，用兵则贵右。故兵者非君子之器，兵者不祥□器也，不得已而用之，恬淡为上。勿美也，若美之，是乐杀人也。夫乐杀人，不可以得志于天下矣。

是以吉事□□□□□□是以偏将军居左，而上将军居右。言以丧礼居之也。杀□□□□□立之。□朕，而以丧礼处之。

---

① 贵左：君子以左方为贵。在中国古代，左为阳，代表生机勃勃；右为阴，代表肃杀晦暗。
② 贵右：用兵以右方为贵。
③ 铦袭：同"恬淡"，冷漠，不在意。
④ 美：得意忘形，沾沾自喜。
⑤ 是乐杀人：以杀人为快乐。

河上公本

夫佳兵，不祥之器。物或恶之，故有道者不处①。

君子居则贵左，用兵则贵右。兵者不祥之器，非君子之器，不得已而用之，恬淡为上。胜而不美，而美之者，是乐杀人。夫乐杀人者，则不可以得志于天下矣。

吉事尚左，凶事尚右。偏将军居左，上将军居右，言以丧礼处之。杀人众多，以悲哀泣②之，战胜，以丧礼处之。

王弼注本

夫佳兵者，不祥之器。物或恶之，故有道者不处。

君子居则贵左，用兵则贵右。兵者不祥之器，非君子之器，不得已而用之，恬淡为上。胜而不美，而美之者，是乐杀人。夫乐杀人者，则不可以得志于天下矣。

吉事尚左，凶事尚右。偏将军居左，上将军居右。言以丧礼处之。杀人之众，以哀悲泣之。战胜，以丧礼处之。

【译文】

兵器这种东西，是不祥之物，人们都很厌恶它，因此有道的人不使用它。

君子平时总是以左边为贵，而用兵打仗则以右边为贵。兵器这

---

① 不处：不接近，不使用。
② 泣：同"莅"，参加，莅临。

个不祥的东西，不是属于君子的器物，只有迫不得已的时候才使用它，最好能淡然处之。胜利了也不要得意忘形，如果是那样的话，就是喜欢杀人，凡是喜欢杀人的人，就不可能拥有天下。

喜庆的事情以左边为上，凶丧的事情以右方为上。偏将军居于左位，上将军居于右位，这就表明打仗要依照丧礼的仪式来对待。战争中杀人过多，要用哀痛的心情去面对。打了胜仗，也要以丧礼的仪式来对待死者。

第三十二章

【题解】

在这一章，老子再次对"道"的特点进行了描述，并希望执政者能遵循道的要求，努力实现天下大治。同时也对适可而止的道理进行了阐释。

在文章开头，老子就提出："道常无名，朴虽小，天下莫能臣也。"道是永远没有名称的，它之所以不能命名，在前文已经多次论述过了。朴，代表着事物的原始风貌。它虽然很小，但是普天之下没有什么能令它服从。它是化育宇宙的根本，是"道"所具有的朴质的状态。

作为一个执政者，如果能依照大道而行，就会风调雨顺，国泰民安。"侯王若能守之，万物将自宾。天地相合，以降甘露，民莫之令而自均"。侯王能坚守此道，民众就会自动地服从。作为国家的统治者，必须实行守朴之道。正因为君主是有道之人，天地之间的阴阳之气和谐充溢，就会为万物降下甘露，即便人民没有让它均匀，它也会自然地均匀。由此可见，只要符合道的状态，凡事都能称心如意。

接下来，老子又对治国之道提出进一步要求。"始制有名，名亦既有，夫亦将知止，知止可以不殆"。治理国家要建立制度，要让官员拥有相应的名称，这样才会更好地去做事。当众人都明确了等级和名分，就会清楚自己该干什么，不该干什么。一个人安于本分，就不会为自己惹来灾祸。适可而止，是一种操守，更是一份智慧。

作为一个得道之人，要有甘居人下的谦卑态度，"譬道之在天下，犹川谷之于江海"。一国之君如能达到这样的境界，就会为臣民带来无尽的福祉，成为后世的典范。

【原文】

帛书甲本

道恒①无名，楃唯□□□□□□□王若能守之，万物将自宾。

天地相谷，以俞甘洛，民莫之□□□□焉。

始制有□□□有，夫□□□□□□所以不□。俾道之在□□□□□浴之与江海也。

---

① 恒：永恒，永远。

帛书乙本

道恒无名，朴①唯小，而天下弗敢臣②。侯王若能守之，万物将自宾③。

天地相合，以俞甘洛，□□□令而自均④焉。

始制有名⑤，名亦既有，夫亦将知止⑥，知止所以不殆⑦。卑□□在天下也，犹小浴之与江海也。

河上公本

道常无名，朴虽小，天下不敢臣。侯王若能守之，万物将自宾。

天地相合，以降甘露⑧，民莫之令而自均。

始制有名，名亦既有，天亦将知之，知之所以不殆。譬道之在天下，犹川谷之与江海。

---

① 朴：质朴。道的别称。
② 弗敢臣：没有什么敢让它臣服。臣，屈服，臣服。
③ 宾：服从，归顺。
④ 自均：自然调节，自我均衡。
⑤ 始制有名：万物兴作，产生了各种名称。此处是指治国所需要的制度和官员各自的名分。
⑥ 知止：知道什么时候停止。
⑦ 殆：危险，伤害。
⑧ 甘露：利于农作物生长的雨水。

王弼注本

道常无名，朴虽小，天下莫能臣也。侯王若能守之，万物将自宾。

天地相合，以降甘露，民莫之令而自均。

始制有名，名亦既有，夫亦将知止，知止可以不殆。譬道之在天下，犹川谷之于江海。

【译文】

道永远是质朴而没有名字的。它虽然细微难以看见，但普天之下没有什么能让它臣服。如果侯王能够遵循大道行事，民众自然就归附于它。

天地间阴阳之气相合，就会降下滋润万物的雨水，不用人去指使它，它也能自然分布均匀。

治理天下最初始的阶段，就要建立一套制度，给予办事人员相应的名分。当名分确立之后，就要有所节制，懂得适可而止。一个人掌握了做事的尺度，就不会有什么危险了。道存在于世上，就像江海一样，所有的河川溪流都要汇集到它那里。

第三十三章

【题解】

在本章中，老子主要论述了自身修养与自我约束的问题，提出了"智、明、有力、强"等观点,强调了丰富精神世界的重要性。

"知人者智,自知者明"。在日常生活中,每个人都要和别人进行交往。能够准确地了解他人,就会避免很多矛盾,减少不必要的损失。可以说,这种处事本领是必不可少的。然而在老子看来,知人固然重要,但自知更为关键。一个人如果能经常审视自己的内心,找到思想行为上的不足,并予以积极的修正,他就会逐渐地同化大道,走向人生的完满。这份高明豁达,会让生命焕发异样的光彩,坦然应对世间的任何风雨。

接下来,老子又说:"胜人者有力,自胜者强。"用武力战胜别人的人,是强大有力的,而能战胜私欲的人,才是真正的强者。人的欲望没有止境,会带他走向堕落。如果一个人能够时刻保持道心,摒弃心底的私欲,他的内心就会变得无所不容。要想达到这一点,没有强大的意志力是不行的。一个能正确面对自己、懂得克制的人,无疑是最强大的。

在俗世中,人们认为拥有家财万贯就是真正的富足。因此,有很多人为了金钱利益忙碌着、打拼着,最后沦为挣钱的工具。然而,老子在此处却说"知足者富"。这又该怎样理解呢?其实富足与否,都是来自内心的感受。一个人如果成了金钱的奴隶,无论挣多少钱,都不会觉得自己富有。而一个心性恬淡之人,因没有过多的欲望索求,即便拥有一点点,也觉得很知足。不同的心态,产生了不同的感觉。而知足者,是符合道的要求的。一个人只有身居道中,才是真正的富足。

在日常生活中,一个人能够持之以恒,坚持力行,就可以称作心志坚强的人。正如老子所说:"强行者有志。"坚定的人生方向是非常重要的,但光有志向还远远不够,还应该具有

"强行"的精神,既立志又能强行,才是真正的"有志"。由此可见,一个人将来想成就什么,志向和意志缺一不可。

人生在世,匆匆而过。要想获得生命的永恒,是多么不容易。"不失其所者久,死而不亡者寿"。这是老子为世人指出的方向。从修道角度讲,时刻坚守大道原则,终身不离开这个生命的根本,人生自会恒久。肉身的死亡是自然规律所致,而思想精神的长存是人生意义之所在,即是长寿的表现。

【原文】

帛书甲本

知人①者知②也,自知③□□□□□者有力也,自胜者□□

□□□□也,强行④者有志也。

不失其所⑤者久也,死而不忘者寿⑥也。

---

① 知人:了解别人。
② 知:同"智",聪明,智慧。
③ 自知:认识自己。
④ 强行:勤奋努力,坚持不懈。
⑤ 其所:根本,这里引申为道。
⑥ 寿:长生。

帛书乙本

知人者知也，自知明①也。朕人②者有力也，自朕者强③也。

知足者富④也，强行者有志也。

不失其所者久也，死而不忘者寿也。

河上公本

知人者智，自知者明。

胜人者有力，自胜者强。

知足者富，

强行者有志。

不失其所者久，

死而不亡者寿。

王弼注本

知人者智，自知者明。

胜人者有力，自胜者强。

---

① 明：高明。
② 朕人：同"胜人"，战胜别人。
③ 强：坚强。
④ 富：富足，充实。

知足者富，强行者有志。

不失其所者久，死而不亡者寿。

【译文】

能了解别人的人叫作智慧，能认识自己的人叫作高明。

能战胜别人的人是有力量的，能战胜自己的人才算真正的强大。

知道满足的人是富有的。

坚持不懈的人拥有顽强的意志。

不失根本的人就能天长地久。

死去而不被人遗忘，才是真正的长寿。

第三十四章

【题解】

在这一章，老子在开篇就指出："大道氾兮，其可左右。"大道就像江河湖水一样向四面八方流淌着。这句话非常形象地概括出大道恩泽天下、无所不至的特点。

接下来，老子又阐述了大道的功用。"万物恃之以生而不辞，功成而不有。衣被万物而不为主，可名于'小'。万物归焉而不为主，可名为'大'"。万物依靠道而成长壮大，它养育了万物，万物依附于它。这一切都是合乎大道规律的,是自然而然的行为。它对万物而言,厥功至伟,但它从不自傲,也不因此而自以为主宰。正因为道不做万物的主宰,始终将自己放在卑微处,所以称其为"小"。万物都依附于它,它又可以称其为"大"。小与大构成了道的两面,既代表最微观又代表最宏观,说明它的内涵极深,万事万物无所不包。

针对道的"不辞,不有,不为主",老子说:"以其终不为大,故能成其大。"正因为它谦卑不争,不自以为大,反而成就了它的伟大。大道的这种特性,对于治国和为人都有深刻的启迪。作为一国之君,就应该胸怀天下,爱民如子,以大道的标准严格要求。古往今来,凡是觉得自己高高在上,任意胡为的君王都是可耻的。作为个人,要学会将自己放到低处,不自以为大,这样才能与人和谐相处,取得事业的成功。

【原文】

帛书甲本

道□□□□□□□□□遂事而弗名有也。万物归焉而弗为主,则恒无欲也,可名于小①。万物归焉□□为主,可名于大②。是□声人之能成大也,以其不为大也,故能成大。

---

① 小:渺小,卑微。
② 大:伟大,博大。

帛书乙本

道汎呵,其可左右也。成功遂□□弗名有也。万物归焉而弗为主,则恒无欲也,可名于小。万物归焉而弗为主①,可名于大。是以耶人之能成大也,以其不为大也,故能成大。

河上公本

大道汜②兮,其可左右。万物恃③之而生而不辞④,功成不名有⑤。爱养万物而不为主,常无欲,可名于小;万物归焉而不为主,可名为大。是以圣人终不为大,故能成其大。

王弼注本

大道汜兮,其可左右。万物恃之而生而不辞,功成不名有。衣养万物而不为主,常无欲,可名于小。万物归焉而不为主,可名于大。以其终不为大,故能成其大。

---

① 主:主宰。
② 汜(fàn):同"泛",大水泛滥,向四处流淌的样子。
③ 恃:依赖,仰仗。
④ 辞:推辞,拒绝。
⑤ 有:据为己有。

【译文】

大道就像泛滥的河水,左右上下无所不至。万物依赖它生长,而它从不推辞,成就了一切却不据为己有。养育了万物而不自以为主,可以称其为"渺小";万物归附而不加以主宰,可以称其为"伟大"。正因为它不自以为伟大,所以才成就了它的伟大。

第三十五章

【题解】

在这一章,老子以执政为切入点,详细论述了大道的作用。"执大象,天下往;往而不害,安平太"。一个真心遵循大道的国君,会让天下众人信服,从而向他靠近,并能保证彼此互不伤害。这是得道之人威德所致,众人在他的感召下,自觉约束行为。因此,一个国家要想长期保持和平安定,执政者就要掌握大道。在老子生活的时代,诸侯各国纷争不断,百姓苦不堪言。要想彻底解救民众,只有提升国君的执政水平,明晰大道的要求,敬天爱民,停止战乱。

然而,在实际生活中,世人面临着无穷的诱惑和欲望。君王、官吏、百姓无一例外。因此,老了又提出了"乐与饵,过客止"的说法。乐和饵都是能够吸引人、诱惑人的东西,会让来往的路人停住脚步。实际上,老子是以这种比喻提出告诫:当权者不要沉湎于奢靡的生活，应具有忧国忧民的意识，要真正地对国家和人民负责。

相对于令人舒适的音乐和美食，大道则是寡淡无味。"道之出口，淡乎其无味"。不但如此，大道还是"视之不足见，听之不足闻"。然而，美食与音乐，或是世间更加美好的东西都不会长久，它们所起的作用极为有限。可是，道是"用之不足既"，怎么也用不完，作用更是无穷无尽。老子通过对比，意在让世人明白生命究竟应该追求什么，应该珍惜什么。与此同时，也对沉迷声色而无视大道的人深表惋惜。

体悟大道是一个艰苦而又漫长的过程，但是只要走进其中，就能感受到无穷的美妙，它所带给人们的影响也是极其深远的。一个得道之人，不会为名利所累，从而享受生命的真正自由。

【原文】

帛书甲本

执大象①□□往②；往而不害③，安平太④。

乐与饵⑤，过格止⑥。故道之出言也，曰谈呵其无味也。

---

① 执大象：掌握大道。大象，无形之象，此处是对大道的比喻。
② 往：归附，向往。
③ 害：妨碍，伤害。
④ 安平太：于是就和平安宁。安，于是。太，同"泰"，和平安宁。
⑤ 乐与饵：美妙的乐声和可口的食物。
⑥ 过格止：来往的行人停下脚步。格，同"客"。

□□不足见①也,听之不足闻②也,用之不可既③也。

帛书乙本

执大象,天下往;往而不害,安平太。

乐与□,过格止。故道之出言也,曰淡呵其无味也。视之不足见也,听之不足闻也,用之不可既也。

河上公本

执大象,天下往。往而不害,安平太。

乐与饵,过客止。道之出口,淡乎其无味。视之不足见,听之不足闻,用之不可既。

王弼注本

执大象,天下往;往而不害,安平太。

乐与饵,过客止。道之出口,淡乎其无味。视之不足见,听之不足闻,用之不足既。

【译文】

掌握了大道的人,全天下的人都会来投靠他。投靠他而不互相

---

① 见:看见。
② 闻:听到。
③ 既:穷尽。

妨碍，于是大家就平和而安宁。

音乐和美食，能够让过路的人停下脚步。用语言来描述大道，平淡而没有味道。看它也看不见，听它也听不到，而它的作用是无穷无尽的。

第三十六章

【题解】

世间的事物都存在着对立统一的关系，这一特点就决定了事物发展到一定程度就会向相反的方向发展。因此，老子说："将欲歙之，必固张之；将欲弱之，必固强之；将欲废之，必固兴之；将欲夺之，必固与之。"文中的歙张、弱强、废举都是矛盾的双方面，它们变化的关系正是体现了物极必反的思想。严格地说，这不是为人处世的策略，而是体悟大道的高深智慧。用大道的原则来指导日常生活，效果自然是显著的。

在老子的论述中，"柔弱胜刚强"多次出现。其实表面柔弱的东西并不一定真正柔弱，它所蕴含的力量往往是超乎寻常的并且持续性极强，滴水穿石就是最好的范例。柔弱是大道的特点，为人居于柔弱恰恰是智慧的表现。

因此在日常生活中，我们应尽力保持退让、收敛、无为的状态。不要做强人所难、巧取豪夺之事。无论是谁，只要秉持大道的德行，最终都会获得成功。在文章最后,老子又以"鱼不可脱于渊"的道理,告诫执政者不可锋芒毕露,要学会内敛含蓄,无为处世。

【原文】

帛书甲本

将欲拾之,必古①张之;将欲弱之,□□强之;将欲去之,必古与②之;将欲夺之,必古予之:是胃微明③。

柔弱胜强。

鱼不□脱④于潚⑤,邦利器⑥不可以视人。

帛书乙本

将欲擒之,必古张之;将欲弱之,必古强之;将欲去之,必古与之;将欲夺之,必古予□:是胃微明。

柔弱胜强。

---

① 古:同"姑",暂且。
② 与:给予,赐予。
③ 微明:不易察觉的智慧。
④ 脱:离开,脱离。
⑤ 潚:同"渊",很深的水潭。
⑥ 邦利器:一个国家最强劲的武器。这里泛指治国的法宝。

鱼不说于渊，国利器不可以示人①。

河上公本

将欲歙②之，必固张之；将欲弱之，必固强之；将欲废之，必固兴之；将欲夺之，必固与之。是谓微明。

柔弱胜刚强。

鱼不可脱于渊，国之利器不可以示人。

王弼注本

将欲歙之，必固张之；将欲弱之，必固强之；将欲废之，必固兴之；将欲夺之，必固与之：是谓微明。

柔弱胜刚强。

鱼不可脱于渊，国之利器不可以示人。

【译文】

想要收敛它，暂且让它先扩张；想要削弱它，暂且让它变得强悍；想要废除它，暂且先抬举它；想要夺取它，暂且先给予它。这就叫作"不易察觉的智慧"。

柔弱是能战胜刚强的。

鱼的生存是离不开水的，治国的法宝是不可以向人炫耀的。

---

① 示人：向他人显示、炫耀。
② 歙（xī）：收敛，吸进。

第三十七章

【题解】

作为《道经》的最后一章，本文对大道的原则与作用做了进一步描述，并将"道"的概念与治理国家联系在一起。在老子看来，理想的执政者应该遵守大道的原则，以无为而治来管理天下百姓。对于百姓违背大道的行为，不应采取严刑酷法，更不能采取武力镇压，而是以大道的淳朴和无欲去教化他们。

文章开篇即指出："道常无为而无不为"。这是对大道极为准确的诠释。大道顺其自然无所作为，却又没有哪件事是它做不到的。世间万物都有其生存发展的规律。不管是谁，都要按规律办事，否则就要接受天道的惩罚。无为绝不是消极的态度，而是以尊重客观规律为前提，不加干预，不肆意妄为。它不但不会影响事物的发展，还更有益处。

接下来，老子对执政者提出了明确要求。"侯王若能守之，万物将自化"，一国之君如能遵循无为而治，天下百姓就将会自化自育，归于大道。这是老子理想化的政治目标，也是民众得以幸福的最大保障。然而，在实际的生活中，人还是有很多欲望难以割舍。面对这种情况，老子提出"化而欲作，吾将镇之以无名之朴"。人要想有所作为的时候，就用大道的朴实率真来让他安定下来，即"无名之朴，夫亦将无欲"。无名之朴，就是大道没有任何强为、顺其自然的具体体现。它的存在，就是不使人产生妄想私欲。因为只有去掉这些不好的东西，人才能够与大道同行。因为没有了欲望贪婪，天下就会出现安定和谐的局面，即老子所说的"不欲以静，天下将自定"。

大道无形，遍布于天地之间，万事万物都应循道而行。老子对道的反复宣说，就是给世人提供最好的生存方式。无论是平民百姓，还是君王圣主，都应遵守大道的原则，清静无为，以达到天下大治的理想境界。

【原文】

帛书甲本

道恒无名，侯王若守①之，万物将自恕②。

恕而欲□□□□□□□名之楃。□□□无名之楃，夫将不辱。不辱以情，天地将自正③。

帛书乙本

道恒无名，侯王若能守之，万物将自化④。

化而欲作⑤，吾将阗⑥之以无名之朴⑦。阗之以无名之朴，

---

① 守：坚守，遵循。
② 自恕：自我生长，自我化育。恕，同"化"。
③ 自正：自我安定。
④ 自化：自我变化孕育成长。
⑤ 欲作：贪欲产生。
⑥ 阗：同"镇"，使安定。
⑦ 无名之朴：大道的真朴无华。

夫将不辱。不辱以静，天地将自正。道二千四百廿六。

河上公本

道常无为①而无不为②。

侯王若能守，万物将自化。化而欲作，吾将镇之以无名之朴。无名之朴，亦将不欲③。不欲以静，天下将自定。

王弼注本

道常无为而无不为，侯王若能守之，万物将自化。

化而欲作，吾将镇之以无名之朴。无名之朴，夫亦将无欲。不欲以静，天下将自定。

【译文】

大道永远是无所作为的，但是又没有哪件事是它做不到的。

侯王如果能够持守它，万事万物就会自我化育。万物自生自长而产生贪欲时，我就要用道的真朴使他安定下来。有了道的真朴，人就不会产生贪婪欲望。当万事万物没有了贪婪欲望，天下自然呈现出稳定的局面。

---

① 无为：顺其自然，不肆意妄为。
② 无不为：没有什么是它办不到的。
③ 不欲：去除了欲望。

道德经（诵读本）

春秋末·老子 著

注：此诵读本以现通行王弼本为底本，方便读者朋友诵读、背诵。

道经

第一章

道，可道，非常道；名，可名，非常名。无名，天地之始；有名，万物之母。故常无欲，以观其妙；常有欲，以观其徼。此两者同出而异名，同谓之玄。玄之又玄，众妙之门。

第二章

天下皆知美之为美，斯恶已；皆知善之为善，斯不善已。故有无相生，难易相成，长短相较，高下相倾，音声相和，前后相随。是以圣人处无为之事，行不言之教。万物作焉而不辞，生而不有，为而不恃，功成而弗居。夫唯弗居，是以不去。

第三章

不尚贤，使民不争；不贵难得之货，使民不为盗；不见可欲，使民心不乱。是以圣人之治：虚其心，实其腹；弱其志，强其骨。常使民无知无欲，使夫智者不敢为也。为无为，则无不治。

第四章

道冲，而用之或不盈。渊兮，似万物之宗：挫其锐，解其纷；和其光，同其尘。湛兮，似或存。吾不知谁之子，象帝之先。

第五章

天地不仁，以万物为刍狗；圣人不仁，以百姓为刍狗。天地之间，其犹橐籥乎？虚而不屈，动而愈出。多言数穷，不如守中。

第六章

谷神不死，是谓玄牝。玄牝之门，是谓天

地根。绵绵若存,用之不勤。

第七章

天长地久。天地所以能长且久者,以其不自生,故能长生。是以圣人后其身而身先,外其身而身存。非以其无私邪?故能成其私。

第八章

上善若水。水善利万物而不争,处众人之所恶,故几于道。居善地,心善渊,与善仁,言善信,正善治,事善能,动善时。夫唯不争,故无尤。

第九章

持而盈之,不如其已;揣而锐之,不可常保。金玉满堂,莫之能守。富贵而骄,自遗其咎。功遂身退,天之道。

第十章

载营魄抱一,能无离乎?专气致柔,能婴

儿乎？涤除玄览，能无疵乎？爱民治国，能无知乎？天门开阖，能为雌乎？明白四达，能无为乎？生之畜之，生而不有，为而不恃，长而不宰，是谓玄德。

第十一章

三十辐共一毂，当其无，有车之用；埏埴以为器，当其无，有器之用；凿户牖以为室，当其无，有室之用。故有之以为利，无之以为用。

第十二章

五色令人目盲，五音令人耳聋，五味令人口爽，驰骋畋猎令人心发狂，难得之货令人行妨。是以圣人为腹不为目，故去彼取此。

第十三章

宠辱若惊，贵大患若身。何谓"宠辱若惊"？宠为上，辱为下，得之若惊，失之若惊，是谓宠辱若惊。何谓"贵大患若身"？吾所以有大患者，为吾有身，及吾无身，吾有何患？故贵以身为天下，若可寄天下；爱以身为天下，若可托天下。

第十四章

视之不见名曰夷，听之不闻名曰希，搏之不得名曰微。此三者不可致诘，故混而为一。其上不皦，其下不昧，绳绳不可名，复归于无物。是谓无状之状，无物之象，是谓惚恍。迎之不见其首，随之不见其后。执古之道，以御今之有，能知古始。是谓道纪。

第十五章

古之善为士者，微妙玄通，深不可识。夫唯不可识，故强为之容：豫焉，若冬涉川；犹兮，若畏四邻；俨兮，其若客；涣兮，若冰之将释；敦兮，其若朴；旷兮，其若谷；混兮，其若浊。孰能浊以止？静之徐清；孰能安以久？动之徐生。保此道者不欲盈。夫唯不盈，故能蔽不新成。

第十六章

致虚极,守静笃。万物并作,吾以观复。夫物芸芸,各复归其根。归根曰静,是谓复命,复命曰常,知常曰明。不知常,妄作,凶。知常容,容乃公,公乃王,王乃天,天乃道,道乃久,没身不殆。

第十七章

太上,不知有之;其次,亲而誉之;其次,畏之;其次,侮之。信不足焉,有不信焉。悠兮,其贵言。功成事遂,百姓皆谓"我自然"。

第十八章

大道废,有仁义;慧智出,有大伪。六亲不和,有孝慈;国家昏乱,有忠臣。

第十九章

绝圣弃智,民利百倍;绝仁弃义,民复孝慈;绝巧弃利,盗贼无有。此三者以为文不足,故令有所属：见素抱朴，少私寡欲，绝学无忧。

第二十章

唯之与阿，相去几何？善之与恶，相去若何？人之所畏，不可不畏。荒兮，其未央哉！众人熙熙，如享太牢，如春登台。我独泊兮，其未兆，如婴儿之未孩。儽儽兮，若无所归。众人皆有余，而我独若遗。我愚人之心也哉，沌沌兮！俗人昭昭，我独昏昏；俗人察察，我独闷闷。澹兮，其若海；飂兮，若无止。众人皆有以，而我独顽似鄙。我独异于人，而贵食母。

第二十一章

孔德之容，惟道是从。道之为物，惟恍惟惚。惚兮恍兮，其中有象；恍兮惚兮，其中有物。窈兮冥兮，其中有精；其精甚真，其中有信。自古及今，其名不去，以阅众甫。吾何以知众甫之状哉？以此。

第二十二章

曲则全，枉则直；洼则盈，敝则新；少则得，多则惑。是以圣人抱一为天下式：不自见，故明；不自是，故彰；不自伐，故有功；不自矜，故长。夫唯不争，故天下莫能与之争。古之所谓"曲则全"者，岂虚言哉？诚全而归之。

第二十三章

希言自然。故飘风不终朝，骤雨不终日。孰为此者？天地。天地尚不能久，而况于人乎？故从事于道者同于道，德者同于德，失者同于失。同于道者，道亦乐得之；同于德者，德亦乐得之；同于失者，失亦乐得之。信不足焉，有不信焉。

第二十四章

企者不立，跨者不行；自见者不明，自是者不彰，自伐者无功，自矜者不长。其在道也，曰余食赘行，物或恶之，故有道者不处。

第二十五章

有物混成，先天地生。寂兮寥兮，独立不改，周行而不殆，可以为天下母。吾不知其名，字之曰"道"，强为之名曰"大"。大曰逝，逝曰远，远曰反。故道大，天大，地大，王亦大。域中有四大，而王居其一焉。人法地，地法天，天法道，道法自然。

第二十六章

重为轻根，静为躁君。是以圣人终日行不离辎重，虽有荣观，燕处超然。奈何万乘之主，而以身轻天下？轻则失本，躁则失君。

第二十七章

善行，无辙迹；善言，无瑕谪；善数，不用筹策；善闭，无关楗而不可开；善结，无绳约而不可解。是以圣人常善救人，故无弃人;常善救物,故无弃物。是谓袭明。故善人者,不善人之师;不善人者,善人之资。不贵其师,不爱其资,虽智大迷。是谓要妙。

第二十八章

知其雄,守其雌,为天下谿。为天下谿,常德不离,复归于婴儿。知其白,守其黑,为天下式。为天下式,常德不忒,复归于无极。知其荣,守其辱,为天下谷。为天下谷,常德乃足,复归于朴。朴散则为器,圣人用之则为官长。故大制不割。

第二十九章

将欲取天下而为之,吾见其不得已。天下神器,不可为也。为者败之,执者失之。故物或行或随,或歔或吹,或强或羸,或挫或隳。是以圣人去甚、去奢、去泰。

第三十章

以道佐人主者,不以兵强天下。其事好还:师之所处,荆棘生焉;大军之后,必有凶年。善有果而已,不敢以取强。果而勿矜,果而勿伐,果而勿骄,果而不得已,果而勿强。物壮则老,是谓不道,不道早已。

第三十一章

夫唯兵者,不祥之器,物或恶之,故有道者不处。君子居则贵左,用兵则贵右。兵者,不祥之器,非君子之器,不得已而用之,恬淡为上。胜而不美,而美之者,是乐杀人。夫乐杀人者,则不可以得志于天下矣。吉事尚左,凶事尚右。偏将军居左,上将军居右,言以丧礼处之。杀人之众,以哀悲莅之,战胜,以丧礼处之。

第三十二章

道常无名,朴虽小,天下莫能臣也。侯

王若能守之，万物将自宾，天地相合，以降甘露，民莫之令而自均。始制有名，名亦既有，夫亦将知止。知止可以不殆。譬道之在天下，犹川谷之于江海。

第三十三章

知人者智，自知者明。胜人者有力，自胜者强。知足者富，强行者有志。不失其所者久，死而不亡者寿。

第三十四章

大道泛兮，其可左右。万物恃之而生而不辞，功成而不名有，衣养万物而不为主，常无欲。可名于小，万物归焉而不为主；可名为大，以其终不自为大，故能成其大。

第三十五章

执大象，天下往，往而不害，安平泰。乐与饵，过客止。道之出口，淡乎其无味，视之不足见,听之不足闻,用之不足既。

第三十六章

将欲歙之,必固张之;将欲弱之,必固强之;将欲废之,必固兴之;将欲夺之,必固与之。是谓微明,柔弱胜刚强。鱼不可脱于渊,国之利器不可以示人。

第三十七章

道常无为而无不为。侯王若能守之,万物将自化。化而欲作,吾将镇之以无名之朴。无名之朴,夫亦将无欲,不欲以静,天下将自定。

德经

第三十八章

上德不德,是以有德;下德不失德,是以无德。上德无为而无以为,下德为之而有以为。上仁为之而无以为,上义为之而有以为,上礼为之而莫之应,则攘臂而扔之。故失道而后德,失德而后仁,失仁而后义,失义而后礼。夫礼者,忠信之薄而乱之首。前识者,道之华而愚之始。是以大丈夫处其厚,不居其薄;处其实,不居其华。故去彼取此。

第三十九章

昔之得一者:天得一以清,地得一以宁,神得一以灵,谷得一以盈,万物得一以生,侯王得一以为天下贞。其致之,天无以清,将恐裂;地无以宁,将恐发;神无以灵,将恐歇;谷无以盈,将恐竭;万物无以生,将恐灭;侯王无以贵高,将恐蹶。故贵以贱为本,高以下为基。是以侯王自谓孤、寡、不穀,此非以贱为本邪?非乎?故致数舆无舆。不欲禄禄如玉,珞珞如石。

第四十章

反者,道之动。弱者,道之用。天下万物生于有,有生于无。

第四十一章

上士闻道,勤能行之;中士闻道,若存若亡;下士闻道,大笑之,不笑,不足以为道。故建言有之:"明道若昧,进道若退,夷道若纇,上德若谷,大白若辱,广德若不足,建德若偷,质真若渝,大方无隅,大器晚成,大音希声,大象无形。"道隐无名,夫唯道,善贷且成。

第四十二章

道生一,一生二,二生三,三生万物。

万物负阴而抱阳，冲气以为和。人之所恶，唯孤、寡、不穀，而王公以为称。故物，或损之而益，或益之而损。人之所教，我亦教之："强梁者不得其死。"吾将以为教父。

第四十三章

天下之至柔，驰骋天下之至坚，无有入无间。吾是以知无为之有益。不言之教，无为之益，天下希及之。

第四十四章

名与身孰亲？身与货孰多？得与亡孰病？是故甚爱必大费，多藏必厚亡。知足不辱，知止不殆，可以长久。

第四十五章

大成若缺，其用不敝。大盈若冲，其用不穷。大直若屈，大巧若拙，大辩若讷。躁胜寒，静胜热，清静为天下正。

第四十六章

天下有道，却走马以粪；天下无道，戎马生于郊。祸莫大于不知足，咎莫大于欲得。故知足之足，常足矣。

第四十七章

不出户，知天下；不窥牖，见天道。其出弥远，其知弥少。是以圣人不行而知，不见而名，不为而成。

第四十八章

为学日益，为道日损，损之又损，以至于无为。无为而无不为。取天下常以无事，及其有事，不足以取天下。

第四十九章

圣人无常心，以百姓心为心。善者，吾善之；不善者，吾亦善之，德善。信者，吾信之；不信者，吾亦信之，德信。圣人在天下，歙歙为天下浑其心，百姓皆注其耳目，圣人皆孩之。

第五十章

出生入死，生之徒十有三，死之徒十有三，人之生、动之死地亦十有三，夫何故？以其生生之厚。盖闻善摄生者，陆行不遇兕虎，入军不被甲兵。兕无所投其角，虎无所措其爪，兵无所容其刃。夫何故？以其无死地。

第五十一章

道生之，德畜之，物形之，势成之。是以万物莫不尊道而贵德。道之尊，德之贵，夫莫之命而常自然。故道生之，德畜之，长之育之，亭之毒之，养之覆之。生而不有，为而不恃，长而不宰，是谓玄德。

第五十二章

天下有始，以为天下母。既得其母，以知其

子。既知其子，复守其母，没身不殆。塞其兑，闭其门，终身不勤。开其兑，济其事，终身不救。见小曰明，守柔曰强。用其光，复归其明，无遗身殃，是为习常。

第五十三章

使我介然有知，行于大道，唯施是畏。大道甚夷，而民好径。朝甚除，田甚芜，仓甚虚。服文彩，带利剑，厌饮食，财货有余，是为盗竽。非道也哉！

第五十四章

善建者不拔，善抱者不脱，子孙以祭祀不辍。修之于身，其德乃真；修之于家，其德乃余；修之于乡，其德乃长；修之于国，其德乃丰；修之于天下，其德乃普。故以身观身，以家观家，以乡观乡，以国观国，以天下观天下。吾何以知天下然哉？以此。

第五十五章

含德之厚,比于赤子。蜂虿虺蛇不螫,猛兽不据,攫鸟不搏。骨弱筋柔而握固。未知牝牡之合而全作,精之至也。终日号而不嗄,和之至也。知和曰常,知常曰明,益生曰祥,心使气曰强。物壮则老,谓之不道,不道早已。

第五十六章

知者不言,言者不知。塞其兑,闭其门;挫其锐,解其纷;和其光,同其尘。是谓玄同。故不可得而亲,不可得而疏;不可得而利,不可得而害;不可得而贵,不可得而贱。故为天下贵。

第五十七章

以正治国,以奇用兵,以无事取天下。吾何以知其然哉?以此:天下多忌讳,而民弥贫;民多利器,国家滋昏;人多伎巧,奇物滋起;法令滋彰,盗贼多有。故圣人云:"我无为,而民自化；我好静，而民自正；我无事，而民自富；我无欲，而民自朴。"

第五十八章

其政闷闷，其民淳淳；其政察察，其民缺缺。祸兮福之所倚，福兮祸之所伏。孰知其极？其无正，正复为奇，善复为妖。人之迷，其日固久。是以圣人方而不割，廉而不刿，直而不肆，光而不耀。

第五十九章

治人、事天莫若啬，夫唯啬，是谓早服。早服谓之重积德，重积德则无不克，无不克则莫知其极。莫知其极，可以有国。有国之母，可以长久。是谓深根固柢、长生久视之道。

第六十章

治大国若烹小鲜。以道莅天下，其鬼不神。非其鬼不神，其神不伤人。非其神不伤人，圣人亦不伤人。夫两不相伤，故德交归焉。

第六十一章

大国者下流，天下之交；天下之牝，牝常以静胜牡，以静为下。故大国以下小国，则取小国；小国以下大国，则取大国。故或下以取，或下而取。大国不过欲兼畜人，小国不过欲入事人。夫两者各得其所欲。大者宜为下。

第六十二章

道者，万物之奥，善人之宝，不善人之所保。美言可以市尊，美行可以加人。人之不善，何弃之有！故立天子，置三公，虽有拱璧，以先驷马，不如坐进此道。古之所以贵此道者何？不曰以求得，有罪以免邪？故为天下贵。

第六十三章

为无为，事无事，味无味，大小多少，报怨

以德。图难于其易，为大于其细。天下难事必作于易，天下大事必作于细。是以圣人终不为大，故能成其大。夫轻诺必寡信，多易必多难。是以圣人犹难之，故终无难矣。

第六十四章

其安易持，其未兆易谋，其脆易泮，其微易散。为之于未有，治之于未乱。合抱之木，生于毫末；九层之台，起于累土；千里之行，始于足下。为者败之，执者失之。是以圣人无为，故无败；无执，故无失。民之从事，常于几成而败之。慎终如始，则无败事。是以圣人欲不欲，不贵难得之货；学不学，复众人之所过。以辅万物之自然，而不敢为。

第六十五章

古之善为道者，非以明民，将以愚之。民之难治，以其智多。故以智治国，国之贼；不以智治国，国之福。知此两者亦稽式，常知稽式，是谓玄德。玄德深矣、远矣，与物反矣。

然后乃至大顺。

第六十六章

江海所以能为百谷王者，以其善下之，故能为百谷王。是以欲上民，必以言下之；欲先民，必以身后之。是以圣人处上而民不重，处前而民不害。是以天下乐推而不厌。以其不争，故天下莫能与之争。

第六十七章

天下皆谓我道大，似不肖。夫唯大，故似不肖。若肖，久矣其细也夫！我有三宝，持而保之：一曰慈，二曰俭，三曰不敢为天下先。慈，故能勇；俭，故能广；不敢为天下先，故能成器长。今舍慈且勇，舍俭且广，舍后且先，死矣。夫慈，以战则胜，以守则固。天将救之，以慈卫之。

第六十八章

善为士者不武,善战者不怒,善胜敌者不与,善用人者为之下。是谓不争之德,是谓用人之力,是谓配天、古之极。

第六十九章

用兵有言:"吾不敢为主而为客,不敢进寸而退尺。"是谓行无行,攘无臂,扔无敌,执无兵。祸莫大于轻敌,轻敌几丧吾宝。故抗兵相加,哀者胜矣。

第七十章

吾言甚易知,甚易行;天下莫能知,莫能行。言有宗,事有君。夫唯无知,是以不我知。知我者希,则我者贵。是以圣人被褐怀玉。

第七十一章

知不知,上;不知知,病。夫唯病病,是以不病。圣人不病,以其病病,是以不病。

第七十二章

民不畏威,则大威至:无狎其所居,无厌其所生。夫唯不厌,是以不厌。是以圣人自知,不自见;自爱,不自贵。故去彼取此。

第七十三章

勇于敢,则杀;勇于不敢,则活。此两者,或利或害。天之所恶,孰知其故?是以圣人犹难之。天之道,不争而善胜,不言而善应,不召而自来,繟然而善谋。天网恢恢,疏而不失。

第七十四章

民不畏死,奈何以死惧之?若使民常畏死,而为奇者,吾得执而杀之,孰敢?常有司杀者杀。夫代司杀者杀,是谓代大匠斵。夫代大匠斵者,希有不伤其手矣。

第七十五章

民之饥,以其上食税之多,是以饥;民之难治,以其上之有为,是以难治;民之轻死,以其上求生之厚,是以轻死。夫唯无以生为者,是贤于贵生。

第七十六章

人之生也柔弱,其死也坚强。万物草木之生也柔脆,其死也枯槁。故坚强者死之徒,柔弱者生之徒。是以兵强则灭,木强则折。强大处下,柔弱处上。

第七十七章

天之道,其犹张弓与?高者抑之,下者举之;有余者损之,不足者补之。天之道,损有余而补不足;人之道则不然,损不足以奉有余。孰能有余以奉天下?唯有道者。是以圣人为而不恃,功成而不处,其不欲见贤。

第七十八章

天下莫柔弱于水,而攻坚强者莫之能胜,其无以易之。弱之胜强,柔之胜刚,天下莫不知,莫能行。是以圣人云:"受国之垢,是谓社稷主;受国不祥,是为天下王。"正言若反。

第七十九章

和大怨,必有余怨,安可以为善?是以圣人执左契,而不责于人。有德司契,无德司彻。天道无亲,常与善人。

第八十章

小国寡民。使有什伯之器而不用,使民重死而不远徙。虽有舟舆,无所乘之;虽有甲兵,无所陈之;使人复结绳而用之。甘其食,美其服,安其居,乐其俗。邻国相望,鸡犬之声相闻,民至老死,不相往来。

第八十一章

信言不美,美言不信;善者不辩,辩者不善;知者不博,博者不知。圣人不积,既以为人,已愈有;既以与人,已愈多。天之道,利而不害;圣人之道,为而不争。